ET SI VOUS REPASSIEZ LE CERTIFICAT D'ÉTUDES DE 1930 ?

150 EXERCICES DE CULTURE GÉNÉRALE EXTRAITS DES ÉPREUVES DU Certificat d'études.

Exercices sélectionnés et réunis
par Daniel Berlion,
inspecteur d'académie

LAROUSSE

21, rue du Montparnasse 75283 Paris Cedex 06

Direction de la publication
Carine Girac-Marinier

Direction éditoriale
Jacques Florent

Édition
Catherine Boulègue

Direction artistique
Uli Meindl

Conception graphique
Sophie Rivoire

Mise en pages
Typo-Virgule

Lecture-correction
Sylvie Porté

Fabrication
Marlène Delbeken

Illustrations
Archives Larousse

ISBN 978-2-03-589467-0

Préface

Et si vous repassiez votre certificat d'études ? Tentez l'expérience, elle est amusante et instructive !

Imaginez-vous sur les bancs de l'école en 1930... Les candidats étaient encore bien jeunes : entre onze et treize ans. Les épreuves, qui se déroulaient au chef-lieu de canton, étaient variées : redoutables et redoutées dictées, casse-tête de participes, problèmes d'arithmétique divers, questions d'histoire, de géographie, de sciences naturelles, mais aussi de solfège, d'instruction civique, d'éducation morale, voire de savoir-faire en matière d'agriculture ou de couture...

Le diplôme sanctionnait sept années d'études primaires et marquait pour beaucoup l'entrée dans la vie active. Le candidat et la candidate classés premier et première du canton connaissaient une gloire locale ; l'événement donnait lieu à une manifestation officielle, réunissant élus et notables, lors de laquelle étaient remis prix et diplôme.

À vous de vous atteler à ces épreuves ! Quelques consignes au préalable : les opérations s'effectuent de tête ou à la main, mais sans calculette ! Et ne vous étonnez pas des calculs de prix, de vente ou de revient : l'unité monétaire est le franc (ancien franc) ! De même, pour l'orthographe, point n'est question encore de simplification ou de réforme... Tout est d'époque dans ce cahier — celle du siècle dernier !

Comptez vos points grâce au barème d'évaluation. Serez-vous le premier ou la première de votre canton ?

L'Éditeur

LANGUE FRANÇAISE

(10 POINTS)

1. DICTÉE

Retrouvez les 10 fautes qui se sont glissées dans ce texte.

Un mariage pluvieux

La noce, débouchant de la rue Saint-Denis, traversa le boulevard. Elle attendit un moment, devant le flot des voitures ; puis, elle se risqua sur la chaussée, changée par l'orage en une marée de boue coulante. L'ondée reprenait, la noce venait d'ouvrir les parapluies ; et, sous les riflarts lamentables, balancés à la main des hommes, les femmes se retroussaient, le défilé s'espassait dans la crotte, tenant d'un trottoir à l'autre. Alors, deux voyoux crièrent à la chienlie ; des promeneurs acoururent ; des boutiquiers, l'air amusé, se haussèrent derrière leurs vitrines. Au milieu du grouillement de la foule, sur les fonds gris et mouillés du boulevard, les couples en procession mettaient des tâches violentes, la robe gros bleue de Gervaise, la robe écru à fleurs imprimées de Mme Fauconnier, le pantalon jaune canari de Boche ; une raideur de gens endimanchés donnait des droleries de carnaval à la redingotte luisante de Coupeau.

Émile ZOLA, *l'Assommoir*.

(5 POINTS)

2. DE L'ADJECTIF À L'ADVERBE

Donnez les adverbes dérivés de ces adjectifs.

prudent .... courant ....
assidu .... gentil ....
obscur .... traître ....
impuni .... ardent ....
fou .... sec ....

(3 POINTS)

3. CONJUGAISON À RÉSOUDRE

Conjuguez le verbe « résoudre » au présent de l'indicatif.

je .... nous ....
tu .... vous ....
il / elle .... ils / elles ....

(10 POINTS) **4. ACCORDS DE PARTICIPES PASSÉS**

Complétez les phrases en accordant les participes passés des verbes entre parenthèses.

Henri IV est un des meilleurs rois que la France ait *(voir)* .... naître.

Les personnes que j'ai *(entendre)* .... chanter m'ont fait plaisir.

La pièce que nous avons *(voir)* .... jouer était fort drôle.

Les brebis qu'on a *(mener)* .... tondre rejoindront ensuite l'alpage.

Cent ans d'oisiveté ne valent pas une heure qu'on a *(savoir)* .... bien employer.

(7 POINTS) **5. POÉSIE**

Complétez le début de la fable de La Fontaine : *le Corbeau et le Renard.*

Maître Corbeau, sur un arbre ....,

Tenait en son bec un ....

Maître Renard, par l'odeur ....,

Lui tint à peu près ce .... :

« Hé! Bonjour, monsieur du Corbeau !

Que vous êtes .... ! que vous me semblez beau !

Sans mentir, si votre .... se rapporte à votre plumage,

Vous êtes le .... des hôtes de ces bois. »

(5 POINTS) **6. DES VÉRITÉS PROVERBIALES**

Complétez ces proverbes.

Tant va la .... à l'eau qu'à la fin elle se casse.

Charité bien .... commence par soi-même.

Ventre .... n'a point d'oreilles.

Quand on veut .... son chien, on dit qu'il a la rage.

À l'impossible, nul n'est ....

ARITHMÉTIQUE et GÉOMÉTRIE

(10 POINTS)

1. LE BEURRE ET LA CRÈME

Le lait passé à l'écrémeuse fournit 12 % de son volume en crème et 3 litres de crème fournissent 1 kg de beurre. Un cultivateur traite, en moyenne, 100 litres de lait par 24 heures.

1) Combien retire-t-il de la vente du beurre obtenu en 30 jours, le beurre valant 68 f le kilo ?

....

2) Lorsqu'il écrémait à la main, le poids de beurre obtenu n'était que de 90 % du poids du beurre qu'il obtient maintenant. Quel bénéfice mensuel réalise-t-il grâce à cette écrémeuse ?

....

3) L'écrémeuse a coûté 7 344 f. Combien devra-t-il traiter de litres de lait par jour pour amortir le prix de son écrémeuse en six mois ? (Comptez des mois de 30 jours.)

....

(10 POINTS)

2. QUAND LES ROMAINS COMPTAIENT

Écrivez ces nombres en chiffres romains.

9 : ....

25 : ....

34 : ....

67 : ....

96 : ....

108 : ....

250 : ....

680 : ....

1 110 : ....

1 814 : ....

(5 POINTS)

3. SUCRER LA PÂTE

Dans une boîte de 1 kg de sucre, les morceaux sont disposés en 3 couches superposées constituées chacune par 4 rangées de 15 morceaux.

Pour préparer un gâteau, une cuisinière doit incorporer à la pâte 200 g de sucre, mais elle ne dispose ni de sucre en poudre ni de balance. Combien de morceaux de sucre entiers doit-elle utiliser ?

....

....

(8 POINTS) **4. NOMBRES DÉCIMAUX**

Rangez ces nombres décimaux par ordre croissant.

3,40 4,404 3,34 4,003 4,44 3,33 4,30 3,04

.... < .... < .... < ....

< .... < .... < .... < ....

(5 POINTS) **5. CALCUL ÉGYPTIEN**

Calculez le volume de la pyramide régulière de Gizeh sachant que ses dimensions sont les suivantes : côté du carré = 230 m ; hauteur = 141 m. Indiquez la formule de calcul utilisée.

....

....

....

....

....

....

(8 POINTS) **6. UNITÉS DE MESURE**

Quelles sont les unités de mesure représentées par ces symboles ?

dm : .... km/h : ....

q : .... kW : ....

ca : .... hl : ....

dam² : .... st : ....

(4 POINTS) **7. PLAN DU CHAMP DE BLÉ**

Un champ de blé mesure 120 m de long et 75 m de large. Le maître demande à ses élèves de le représenter sur un plan par un rectangle de 8 cm de long.

1) Indiquez l'échelle utilisée sur le plan :

....

2) Quelle est la largeur du champ sur le plan ?

....

....

....

HISTOIRE

(5 POINTS) **1. XVIIIe ET XIXe SIÈCLES : LES GRANDES INVENTIONS**

Associez les personnages avec leur invention.

Joseph Marie Jacquard •	• le ballon à air chaud
Louis Pasteur •	• le cinématographe
Les frères Lumière •	• le vaccin contre la rage
Denis Papin •	• le métier à tisser
Les frères de Montgolfier •	• la machine à vapeur

(10 POINTS) **2. LES ROIS DE FRANCE ET LEURS MINISTRES**

Retrouvez de quel roi chacun de ces personnages fut le ministre :

Choiseul

Colbert

Richelieu

Sully

Turgot

1) Henri IV : ....
2) Louis XIII : ....
3) Louis XIV : ....
4) Louis XV : ....
5) Louis XVI : ....

(3 POINTS) **3. LES IMPÔTS SOUS L'ANCIEN RÉGIME**

Quelle est la nature de ces trois impôts ?

1) la gabelle : ....
2) la dîme : ....
3) l'octroi : ....

(10 POINTS) **4. LA SOCIÉTÉ FÉODALE**

1) Qu'est-ce qu'un *fief* ?

....

2) Qu'est-ce qu'un *suzerain* ?

....

....

3) Qu'est-ce qu'un *vassal* ?

....

....

4) Qu'est-ce que la cérémonie de *l'hommage* ?
Pourquoi l'appelle-t-on ainsi ? ....

....

5) Comment s'appelle le moment de la cérémonie représenté sur l'image ?
Que fait le suzerain ? ....

....

....

(5 POINTS) **5. L'INVASION DE LA GAULE**

Au début du Ve siècle, des tribus barbares envahissent la Gaule. Citez au moins cinq de ces tribus.

....

....

(5 POINTS) **6. HISTOIRE LITTÉRAIRE**

Retrouvez à quel siècle appartient chacun de ces écrivains.

Alphonse de Lamartine •	• XVe siècle
Molière •	• XVIe siècle
Ronsard •	• XVIIe siècle
Jean-Jacques Rousseau •	• XVIIIe siècle
François Villon •	• XIXe siècle

Molière.

(2 POINTS) **7. LA NUIT DU 4 AOÛT 1789**

Que s'est-il passé dans la nuit du 4 août 1789 ?

....

....

GÉOGRAPHIE

(3 POINTS) **1. D'UN OCÉAN À L'AUTRE**

Quelles mers ou océans relient ces canaux ?

1) le canal de Suez : ....

2) le canal du Midi : ....

3) le canal de Panama : ....

(5 POINTS) **2. ASSORTIMENT DE FROMAGES**

Retrouvez dans quelle région de France sont produits ces fromages :

le roquefort •	• Haute-Savoie
le camembert •	• Dauphiné
le reblochon •	• Bourgogne
l'époisses •	• Normandie
le saint-marcellin •	• Causses

(10 POINTS) **3. LES GRANDS LACS AMÉRICAINS**

1) Citez cinq grands lacs d'Amérique du Nord : ....

....

2) Complétez la phrase :

Les eaux du lac .... tombent dans le lac .... par les célèbres chutes du Niagara.

(10 POINTS) **4. LES COMPTOIRS FRANÇAIS**

Quels sont les cinq comptoirs que possède la France en Inde ?

....

....

(15 POINTS)

5. SITES REMARQUABLES

Retrouvez l'emplacement de ces sites ou monuments remarquables (indiquez la lettre qui les désigne).

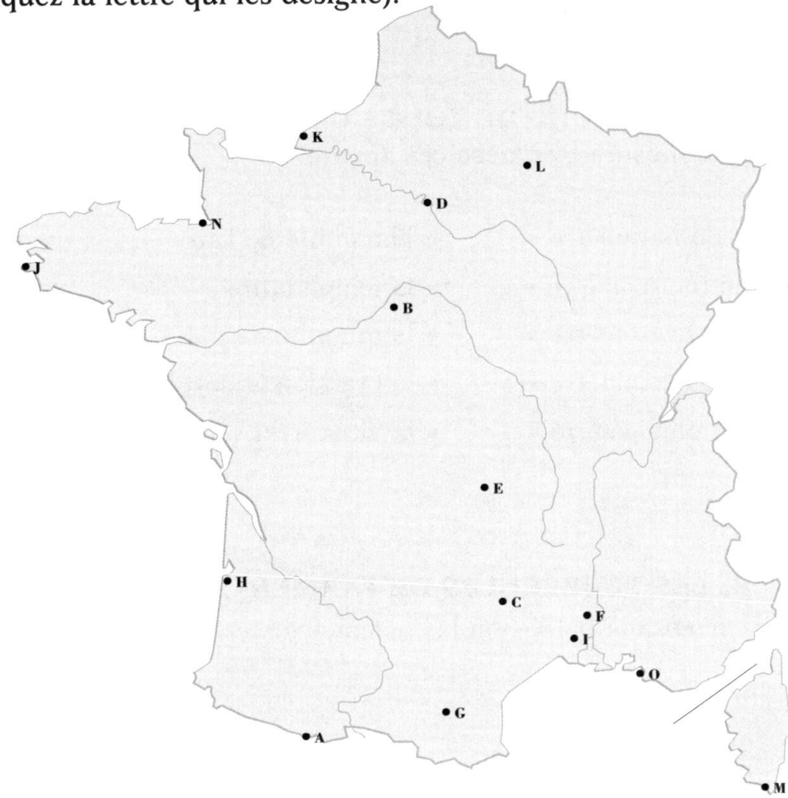

Mont-Saint-Michel	Puy de Dôme	cirque de Gavarnie ....
gorges du Tarn	tour Eiffel	cité de Carcassonne ....
château de Chambord	château d'If	pont du Gard ....
pointe du Raz	cathédrale de Reims	arènes de Nîmes ....
dune du Pilat	falaises d'Étretat	bouches de Bonifacio ....

(5 POINTS)

6. LES RICHESSES DU SOUS-SOL FRANÇAIS

1) Citez trois régions de France où l'on extrait la houille : ....

2) Citez une région riche en minerai de fer : ....

3) Citez une région où l'on extrait la potasse : ....

LEÇONS DE CHOSES

(5 POINTS) **1. LA MESURE DE TOUTE CHOSE**

Que mesure-t-on avec ces appareils ?

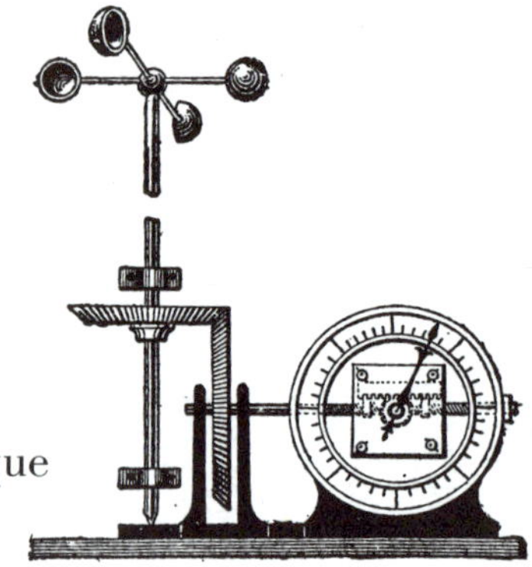

Fig. 14. — Anémomètre.

un baromètre •	• l'humidité de l'air
un thermomètre •	• la température
un hygromètre •	• la quantité de pluie
un anémomètre •	• la pression atmosphérique
un pluviomètre •	• la vitesse du vent

(5 POINTS) **2. LES TUBERCULES DE PARMENTIER**

1) Pourquoi butte-t-on les pommes de terre ? ....

....

....

....

2) Quels sont les deux principaux ennemis de la pomme de terre ? ....

....

....

(8 POINTS) **3. LA CIRCULATION DU SANG**

Reconstituez le trajet du sang dans le cœur. Numérotez de 2 à 8 les parties traversées en partant de la veine cave (1).

(1) veine cave

.... oreillette gauche

.... ventricule droit

.... ventricule gauche

.... artère aorte

.... artère pulmonaire

.... oreillette droite

.... veine pulmonaire

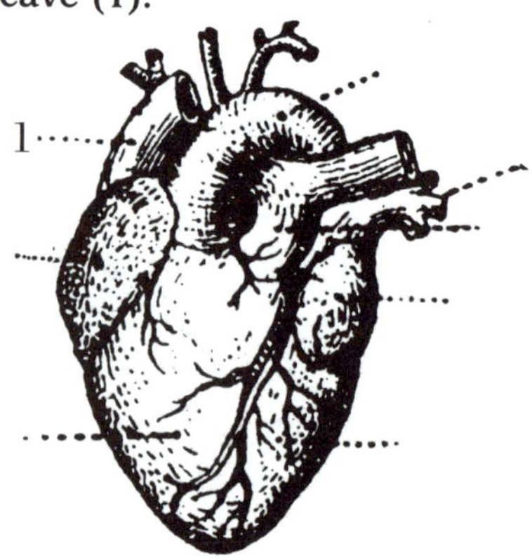

(6 POINTS) **4. HYGIÈNE ET SANTÉ**

1) Quel est le nom du bacille responsable de la tuberculose ?

....

2) Comment s'appellent les établissements où on soigne cette maladie ?

....

3) Où sont-ils situés et pourquoi ? ....

....

(3 POINTS) **5. UN PEU DE GÉOLOGIE**

Quel est le nom du minerai dont on tire l'aluminium ? ....

....

....

(5 POINTS) **6. LES CÉRÉALES**

Donnez le nom de chacune de ces céréales.

1. .... 2. .... 3. .... 4. .... 5. ....

(8 POINTS) **7. LES OS**

Donnez le nom de ces différents os :

1) les deux os de la jambe : ....

2) l'os de la cuisse : ....

3) les deux os de l'avant-bras : ....

4) l'os du bras : ....

INSTRUCTION CIVIQUE et CULTURE GÉNÉRALE

(5 POINTS) **1. INSTRUCTION CIVIQUE**

1) Comment s'appelle la loi fondamentale d'un État ? ...

2) Quels sont les trois pouvoirs d'un régime républicain ? Quel est leur rôle ? ...

3) Par qui les sénateurs français sont-ils élus ? ...

(3 POINTS) **2. COUTURE**

Un tissu est formé par l'enchevêtrement régulier de fils.

1) Comment se nomment les fils placés dans le sens de la longueur ? ...

2) Comment se nomment les fils placés dans le sens de la largeur ? ...

3) Quel point allez-vous utiliser pour éviter que la lisière d'un tissu s'effiloche ? ...

(5 POINTS) **3. MUSIQUE**

1) Sur ces trois portées, on a oublié d'indiquer la mesure. Faites-le pour chacune d'elles :

a) mesure à ...

b) mesure à ...

c) mesure à ...

2) Combien une note blanche vaut-elle :

a) de doubles croches ? ...

b) de soupirs ? ...

(20 POINTS) **4. HIÉRARCHIE MILITAIRE**

Replacez dans l'ordre hiérarchique ces grades de l'armée de terre et donnez leur équivalent dans la marine.

Armée de terre : adjudant – capitaine – caporal – colonel – général de division – général de brigade – lieutenant – lieutenant-colonel – sergent – sergent-major

Marine : contre-amiral – enseigne de vaisseau de 1re classe – capitaine de frégate – capitaine de vaisseau – lieutenant de vaisseau – maître – premier maître – quartier-maître – second maître – vice-amiral

Armée de terre	Marine
1. caporal	....
2.	....
3.	....
4.	....
5.	....
6.	....
7.	....
8.	....
9.	....
10.	....

(6 POINTS) **5. TECHNIQUES DES MÉTIERS**

Quels artisans utilisent ces différents outils ?

1) une varlope – une herminette – une tarière – un trusquin – un riflard

....

2) une boucharde – une pointerolle – une gradine – un taillant – une louve ....

3) un triboulet – une bigorne – un paillon – un baguier – un cabron

....

(6 POINTS) **6. PRÉCEPTE MORAL**

Complétez cette affirmation morale de Voltaire dans la conclusion de son ouvrage *Candide*.

« Le travail éloigne de nous trois grands maux : l'.., le .... et le .... »

LANGUE FRANÇAISE

(10 POINTS)

1. DICTÉE

Retrouvez les 10 fautes qui se sont glissées dans ce texte.

Installation

Ce sont les lapins qui ont été étonnés !... Depuis si longtemps qu'ils voyaient la porte du moulin fermer, les murs et la plate-forme envahie par les herbes, ils avaient finis par croire que la race des meuniers était éteint, et trouvant la place bonne, ils en avait fait quelque chose comme un quartier général, un centre d'opérations stratégiques : le moulin de Jemmapes des lapins… La nuit de mon arrivé, il y en avait bien, sans mentir, une vintaine assis en rond sur la plate-forme, en train de se chauffer les pattes à un rayon de lune… Le temps d'entre-ouvrir une lucarne, frrt ! voilà le bivouaque en déroute, et tous ces petits derrières blancs qui détalent, la queue en l'air, dans le fourrée. J'espère bien qu'ils reviendront.

Alphonse Daudet, *Lettres de mon moulin.*

(10 POINTS)

2. QUESTIONS

1) Retrouvez dans le texte :

a) un adjectif indéfini : ....

b) un participe présent : ....

c) un adverbe de temps : ....

d) une onomatopée : ....

e) un pronom personnel complément : ....

2) Analysez les verbes (précisez l'infinitif, le groupe, le temps et la voix utilisés) :

a) *ont été étonnés* : ....

....

b) *reviendront* : ....

....

3) Trouvez un homonyme de chacun des mots suivants, et utilisez-le dans une phrase :

la patte : ....

le mur : ....

l'air : ....

(10 POINTS) **3. DE TOUTES LES COULEURS**

Accordez les adjectifs entre parenthèses comme il convient.

des cheveux (*auburn*) .... des tentures (*amarante*) ....

des uniformes (*mastic*) .... une peinture (*jaune clair*) ....

des tulipes (*incarnat*) .... des gants (*crème*) ....

des joues (*rubicond*) .... des chaussures (*beige*) ....

une jument (*alezan*) .... des tons (*indigo*) ....

(2 POINTS) **4. BIEN COIFFÉ ?**

Un seul de ces noms ne désigne pas une coiffure. Lequel ?

un capulet – un frac – un panama – un gibus – un hennin – un borsalino

....

(10 POINTS) **5. DES SUFFIXES DÉMENTIELS !**

Quelle est la terminaison correcte de ces adjectifs : « -ciel » ou « -tiel » ? Complétez les lignes en veillant aux accords.

le calcul matri..

un immeuble résiden............................

le cortège présiden...............................

un procédé artifi...................................

des propos superfi.................................

un revenu substan.................................

des égouts pestilen...............................

un complément circonstan...................

un rite sacrifi...

des dépenses exponen..........................

(3 POINTS) **6. QUESTION DE MODE**

À quel mode doit-on conjuguer le verbe dans une subordonnée introduite par la locution « après que » ?

....

ARITHMÉTIQUE et GÉOMÉTRIE

(10 POINTS) **1. TOUT CORPS PLONGÉ DANS UN LIQUIDE…**

Dans un vase rempli d'eau, et pesant à ras bord 6,950 kg, on introduit un caillou pesant 774 g. De l'eau s'écoule et le poids du vase est alors de 7,552 kg. Quelle est la masse volumique du caillou ?

....

....

....

....

....

....

(3 POINTS) **2. RÉDUIRE LES FRACTIONS**

Réduire au même dénominateur les fractions suivantes :

4/5 1/3 3/4

....

....

....

(8 POINTS) **3. COMBIEN DE CÔTÉS POUR CES POLYGONES ?**

Retrouvez le nombre de côtés de chacun de ces polygones.

octogone •	• 7 côtés	hexagone •	• 5 côtés
décagone •	• 8 côtés	pentagone •	• 6 côtés
dodécagone •	• 10 côtés	icosagone •	• 15 côtés
heptagone •	• 12 côtés	pentadécagone •	• 20 côtés

(2 POINTS) **4. CALCUL MENTAL**

Un carré a une superficie de 81 cm^2. Quelle est, en centimètres, la mesure de son périmètre ? ....

....

(5 POINTS) **5. UNE MAILLE À L'ENDROIT, UNE MAILLE À L'ENVERS…**

Pour tricoter une veste, une grand-mère emploie 5 pelotes de laine de 50 g chacune à 60 f le kilogramme, et 6 boutons à 0,75 f pièce. Elle met 15 heures pour la tricoter. Une veste semblable coûterait 58,50 f dans un magasin. Combien cette grand-mère a-t-elle gagné par heure de travail ?

(7 POINTS) **6. UN BEAU VERGER**

Pour planter des pommiers, un arboriculteur fait creuser, auparavant, des trous carrés de 0,80 m de côté et de 0,75 m de profondeur. Il désire planter 44 pommiers. Il achète les arbres à 15,40 f la paire et l'ouvrier chargé du travail demande 2,50 f par arbre pour la plantation et 3,50 f au mètre cube de terrassement.

À combien revient cette plantation ?

(5 POINTS) **7. UN SAVANT MÉLANGE**

On a deux variétés de café, l'un à 500 f le kilo et l'autre à 900 f le kilo. Combien faudra-t-il prendre de chacune de ces variétés pour obtenir un mélange à 600 f le kilo ?

HISTOIRE

(10 POINTS)

1. LE CHÂTEAU DE VERSAILLES

1) Qui fut l'architecte principal du château de Versailles ? ....

2) Qui dirigea les peintres ? ....

3) Qui aménagea les jardins ? ....

4) Qui dirigea les ébénistes qui meublèrent le château ? ....

5) Comment appelle-t-on l'ensemble des règles édictées à la cour de Louis XIV ? ....

(10 POINTS)

2. CHRISTOPHE COLOMB

Les trois bateaux de Christophe Colomb naviguaient depuis soixante-dix jours quand un matelot cria : « Terre ! Terre ! »

1) Comment appelait-on les bateaux à cette époque ?
....

2) Quels étaient les noms des trois bateaux de l'expédition ? ....
....

3) Quel était le but du voyage de Christophe Colomb ? ....
....

4) Quel nom a-t-il donné aux populations rencontrées ? ....

5) De quelle terre s'agissait-il en réalité ? ....
....

(6 POINTS)

3. LES DÉPARTEMENTS

1) Quand les départements furent-ils créés ? Par qui ? ....
....

2) Combien y en avait-il ? ....

3) Comment fut choisi le chef-lieu de chacun ? ....
....

(10 POINTS) **4. LE RÈGNE DE LOUIS XVIII**

1) Quel était le lien de parenté de ce roi avec Louis XVI ? ....

2) Qui a-t-il remplacé sur le trône ?

....

3) Comment se nomme la période pendant laquelle il a régné ? ....

....

4) Quel roi lui a succédé ? ....

5) Quel était le lien de parenté de ce dernier avec Louis XVIII ? ....

Louis XVIII.

(10 POINTS) **5. LES PROVINCES FRANÇAISES**

Retrouvez sous le règne de quel roi ou empereur ces provinces ont été rattachées à la France.

le Béarn   la Bretagne   la Lorraine   la Savoie   la Bourgogne

Louis XI.

Charles VIII.

Henri IV.

Louis XV.

Napoléon III.

1) Louis XI : ....

2) Charles VIII : ....

3) Henri IV : ....

4) Louis XV : ....

5) Napoléon III : ....

(4 POINTS) **6. JULES FERRY**

1) Qui était Jules Ferry ? ....

....

2) Citez deux faits marquants de son action politique.

....

....

....

Jules Ferry.

GÉOGRAPHIE

(10 POINTS) **1. À L'ASSAUT DES PLUS HAUTS SOMMETS FRANÇAIS**

Quels sont les plus hauts sommets de ces montagnes ? Vous donnerez également leur altitude.

1) Les Alpes : ....

2) Le Massif Central : ....

3) Le Jura : ....

4) Les Vosges : ....

5) Les Pyrénées : ....

(20 POINTS) **2. AU FIL DU RHÔNE**

Répartissez les principaux affluents du Rhône entre la rive droite et la rive gauche.

l'Ain – l'Ardèche – l'Arve – la Drôme – la Durance – le Guiers – le Gard – l'Isère – la Saône – la Valserine

Rive droite (5 affluents) : ....

....

....

....

Rive gauche (5 affluents) : ....

....

....

....

(5 POINTS) **3. CHEZ LES IBÈRES**

1) Quels sont les deux pays qui composent la péninsule Ibérique ?
a) ....
b) ....

2) Quelle est la capitale de chacun de ces pays ?
a) ....
b) ....

3) Le Tage est un fleuve de l'un de ces deux pays. Lequel ?

....

(10 POINTS) **4. TERMES GÉOGRAPHIQUES**

Retrouvez le nom des lieux représentés sur le dessin de cette côte.

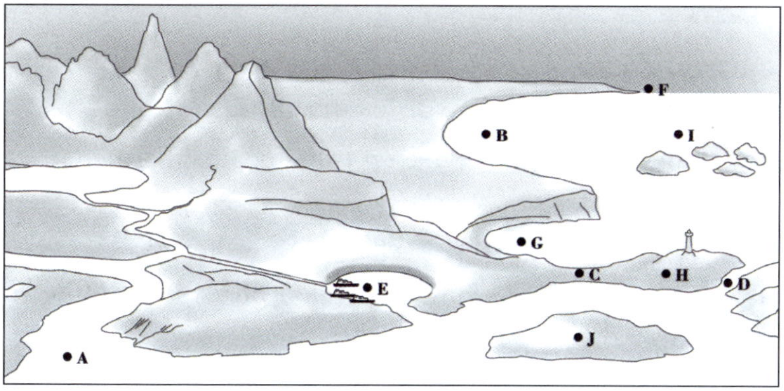

...... baie
...... isthme
...... cap
...... presqu'île
...... estuaire
...... port
...... golfe
...... île
...... archipel
...... détroit

(5 POINTS) **5. LA NORMANDIE**

Retrouvez les chefs-lieux des 5 départements de la Normandie.

Seine-Inférieure •	• Évreux
Eure •	• Alençon
Orne •	• Caen
Calvados •	• Saint-Lô
Manche •	• Rouen

(10 POINTS) **6. LES PORTS FRANÇAIS**

Classez ces dix ports français dans la catégorie principale à laquelle ils appartiennent :

Bordeaux – Brest – Boulogne-sur-Mer – Cherbourg – Concarneau – Dieppe – Le Havre – La Rochelle – Marseille – Toulon

1) ports de pêche (3) : ....
....
....

2) ports de commerce (4) : ....
....
....

3) ports de guerre (3) : ....
....
....

LEÇONS DE CHOSES

(10 POINTS)

1. LES INSECTES

Complétez ces informations sur les insectes :

1) Le corps de l'insecte se divise en trois parties distinctes : ....

2) Un insecte a .... paires de pattes et .... ou .... paires d'ailes.

3) Tous les insectes subissent des métamorphoses. Avant de voler, le papillon subit 3 métamorphoses qui sont : ....

4) Citez au moins deux insectes ennemis des céréales : ....

5) Citez au moins deux insectes ennemis des vergers : ....

(5 POINTS)

2. L'ALAMBIC

1) Complétez la description de l'alambic :
L'alambic se compose d'une chaudière appelée (A) .... surmontée d'un dôme appelé (B) .... ; les vapeurs passent à travers un tuyau incliné qui communique avec un (C) .... entouré d'un vase rempli d'eau froide, nommé (D) ....
En se refroidissant, les vapeurs se condensent et redeviennent liquides.

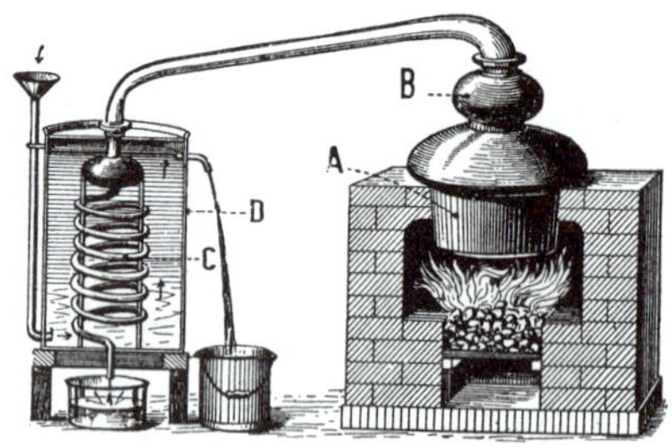

2) À quoi sert un alambic et quelles sont les propriétés de l'eau passée à l'alambic ? ....

(5 POINTS)

3. LA FABRICATION DU VERRE

Le verre s'obtient en fondant un mélange de ...., de .... et de ...., ou de ....

Ces différentes matières sont d'abord réduites en poudre, puis fondues dans des creusets chauffés à .... ou .... degrés.

La pâte molle ainsi obtenue est ensuite travaillée par .... ou par ....

(15 POINTS)

4. PATTES ET BECS D'OISEAUX

1) Retrouvez les cinq ordres d'oiseaux représentés ci-dessous par leur bec et leurs pattes :

gallinacés *grimpeurs* *palmipèdes* *passereaux* *rapaces*

A …………………………… B …………………………… C ……………………………

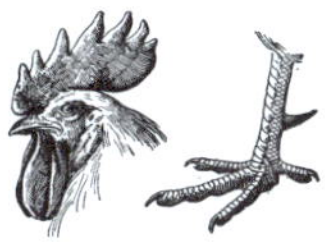

D …………………………… E ……………………………

2) Pour chaque ordre donnez au moins deux exemples :

A ……………………………………………………………………………………
B ……………………………………………………………………………………
C ……………………………………………………………………………………
D ……………………………………………………………………………………
E ……………………………………………………………………………………

(10 POINTS)

5. LES DENTS

Retrouvez les éléments d'une molaire.

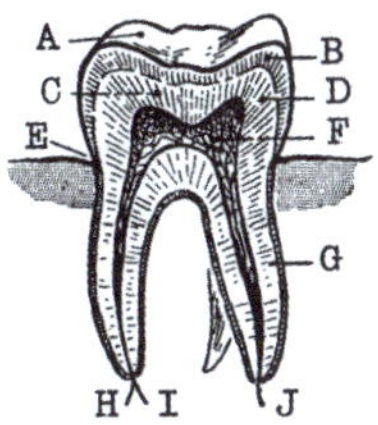

artère ………… veine …………
nerf ………… racine …………
collet ………… émail …………
pulpe ………… ivoire …………
couronne ………… surface de la couronne …………

(5 POINTS)

6. LES TIGES SOUTERRAINES DES PLANTES

1) Qu'est-ce qu'un rhizome ? ……………………………………………………
……………………………………………………………………………………
……………………………………………………………………………………

2) Qu'est-ce qu'un tubercule ? ……………………………………………………
……………………………………………………………………………………
……………………………………………………………………………………

3) Qu'est-ce qu'un bulbe ? ……………………………………………………
……………………………………………………………………………………
……………………………………………………………………………………

INSTRUCTION CIVIQUE et CULTURE GÉNÉRALE

(10 POINTS) **1. ORGANISATION ADMINISTRATIVE**

1) Quelle est la plus petite division administrative de la France ? ....

2) Par qui est-elle administrée ? ....

3) Qu'est-ce qu'un conseil municipal ? ....

4) Comment les membres du conseil municipal sont-ils choisis ? ....

5) Comment le maire et ses adjoints sont-ils choisis ? ....

(10 POINTS) **2. MUSIQUE, MAESTRO !**

1) Citez quatre instruments à cordes d'un orchestre symphonique.

....

2) Citez six instruments à vent d'un orchestre symphonique.

....

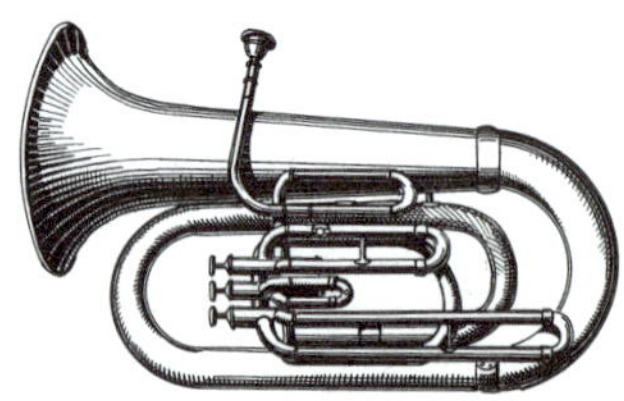

(5 POINTS) **3. CENT FOIS SUR LE MÉTIER...**

Complétez cette citation avec les mots listés ci-dessous (ils sont donnés au singulier).

difficulté *volonté* *peine* *place* *repos*

Écoliers, soyez persévérants. Ne vous laissez pas rebuter par les .... que vous rencontrez. Rien ne s'acquiert sans un peu de ...., c'est-à-dire sans l'effort constant commandé par la ....

Si vous êtes persévérants à l'école, vous le serez plus tard dans la vie, vous y tiendrez votre .... dignement et vous assurerez le .... de votre vieillesse.

Émilien Cazes, *Livre de lecture.*

(10 POINTS) **4. MAXIMES PROVERBIALES**

Complétez ces proverbes en vous aidant de leur signification :

1) Bonne .... vaut mieux que ceinture dorée.
(Mieux vaut jouir de l'estime publique que d'être riche.)

2) Dans les petits pots, les bons ....
(Une petite taille est souvent compensée par un grand mérite.)

3) Entre l'arbre et ...., il ne faut pas mettre le doigt.
(Il faut éviter de se mêler des discussions qui ne nous regardent pas.)

4) Qui court deux .... n'en prend aucun. *(Quand on mène deux affaires en même temps, on risque de n'en réussir aucune.)*

5) Il faut briser le .... pour avoir l'amande.
(Il faut se donner de la peine pour avoir du plaisir.)

(5 POINTS) **5. TRAVAUX D'AIGUILLES** (pour les filles)

1) Donnez le nom d'au moins trois points utilisés en broderie.

....

2) Combien y a-t-il de brides à la boutonnière des lingères et à la boutonnière des tailleurs ?

....

(5 POINTS) **6. TRAVAUX DES CHAMPS** (pour les garçons)

1) Quelle technique sert à améliorer un sous-sol trop humide ?

....

2) Quelle technique sert à améliorer un sous-sol trop sec ?

....

3) Comment s'appelle l'alternance des cultures sur un même terrain ?

....

4) Comment appelle-t-on la mise en repos d'un terrain cultivé ?

....

5) Quel est le principal engrais naturel ? ....

(5 POINTS) **7. QUESTION DE SYMÉTRIE**

Combien y a-t-il d'axes de symétrie sur cette figure ?

....

LANGUE FRANÇAISE

(10 POINTS) **1. DICTÉE À CONJUGUER**

Conjuguez les verbes entre parenthèses à l'imparfait ou au passé simple de l'indicatif, selon le sens.

Un beau coup de fusil

Malgré ma patience, je commençais à désespérer, quand, tout à coup, je *(voir)* .... venir dans le sentier un gros animal dont les yeux *(luire)* .... comme des chandelles. Le loup *(marcher)* .... lentement comme une bête bien repue qui avait fait grassement sa nuit. À mesure qu'il *(s'approcher)* .... je le *(voir)* .... mieux : c'était un vieux loup vraiment superbe avec son poil rude et épais, ses épaules robustes et son énorme tête aux oreilles dressées, au nez pointu. Je le *(tenir)* .... au bout de mon fusil, le doigt sur le déclic et, lorsqu'il (être) .... à dix pas, je lui *(lâcher)* .... le coup en plein poitrail. Il *(faire)* .... un saut, *(jeter)* .... un hurlement rauque, comme un sanglot étouffé par le sang, et retomba raide mort.

Eugène Le Roy, *Jacquou le Croquant.*

(8 POINTS) **2. QUESTIONS**

1) Expliquez le sens des expressions :
faire grassement sa nuit : ....
une bête bien repue : ....

2) Indiquez le nombre et la nature des propositions contenues dans la première phrase :
....
....
....
....

(12 POINTS) **3. À VOS AIGUILLES !**

Conjuguez le verbe « recoudre » à l'imparfait du subjonctif.

Il faudrait que je	Il faudrait que nous ....
Il faudrait que tu	Il faudrait que vous ....
Il faudrait qu'il	Il faudrait qu'elles ....

(5 POINTS) **4. QUESTIONS DE GENRE**

Certains noms changent de sens selon leur genre. L'un d'eux est souvent courant, mais l'autre plus rare. Donnez le sens des noms suivants :

1) *un cartouche* : ....

2) *le carpe* : ....

3) *un enseigne* : ....

4) *un ombre* : ....

5) *le greffe* : ....

(10 POINTS) **5. ACCORDEZ-LES**

Dans ce texte d'Honoré de Balzac, extrait du *Père Goriot*, les finales des adjectifs, participes ou infinitifs ont été effacées. Retrouvez-les.

Les deux appartements du second étaient occup.........., l'un par un vieillard nomm.......... Poiret ; l'autre par un homme âg.......... d'environ quarante ans qui s'appelait M. Vautrin. Le troisième étage se composait de quatre chambres, dont deux étaient lou.........., l'une par une vieille fille nomm.......... Mlle Michonneau ; l'autre par un ancien fabricant de vermicelle qui se laissait nomm.......... le père Goriot. Les deux autres chambres étaient destin.......... à d'infortun.......... étudiants. En ce moment, l'une des deux chambres appartenait à un jeune homme venu d'Angoulême à Paris pour y étudi.......... le droit, et dont la nombreuse famille se soumettait aux plus dures privations afin de lui envoy.......... douze cents francs par an.

(5 POINTS) **6. QUESTIONS DE TEMPS**

Ajoutez à chacune des phrases le complément de temps correspondant :

1) Un journal quotidien est un journal qui paraît ....

2) Certains journaux ne paraissent qu'.. : on les appelle hebdomadaires.

3) Les bulletins mensuels, trimestriels et semestriels sont adressés aux parents ...., ..., ...

4) La plupart des légumes sont semés .... ; ce sont des plantes annuelles.

5) Le salsifis dure .... ; c'est une plante bisannuelle.

ARITHMÉTIQUE et GÉOMÉTRIE

(10 POINTS)

1. GELÉE DE GROSEILLES

Pour faire de la gelée de groseilles, une ménagère emploie 15 kg de fruits qui fournissent 2/3 de leur poids en jus. Elle ajoute à ce jus un poids égal de sucre. Le sirop perd 1/8 de son poids à la cuisson. Elle a acheté les groseilles 12 f le kilo et le sucre 12,50 f le kilo. La cuisson a demandé 3 h sur un réchaud qui consomme 1 200 l de gaz à l'heure, et le gaz coûte 3,7 f le mètre cube. Quel est le prix de revient total de la gelée de groseilles ?

(5 POINTS)

2. QUESTIONS D'ANGLES

a) Qu'est-ce qu'une bissectrice ?

b) Qu'est-ce que des angles adjacents ? des angles supplémentaires ? des angles complémentaires ?

(10 POINTS)

3. GRAINS DE SABLE !

1) Quel est le volume d'un tas de sable de 12 tonnes, sachant que le décimètre cube de sable pèse 2 kg ?

2) On étend uniformément ce sable dans une cour rectangulaire de 18,75 m de long et de 8 m de large. Quelle est, en centimètres, l'épaisseur de la couche ?

3) On a transporté ce sable dans un camion qui a fait quatre voyages. Le camion est passé chaque fois sur un pont-bascule et on a enregistré successivement les poids suivants : 4,950 t ; 5,93 t ; 5,470 t et 4,650 t. Quel est le poids du camion vide ?

(10 POINTS) **4. DE L'EAU DANS LE LAIT ?**

Un récipient contenant 45 l, et qui pèse vide 2,8 kg , a été rempli de lait, de densité 1,03. On enlève une certaine quantité de lait et on la remplace par de l'eau ; le récipient et son contenu ne pèsent alors que 48,955 kg. Quelle est, en litres, la quantité de lait remplacée ?

(5 POINTS) **5. QUE D'EAU ! QUE D'EAU !**

À Paris, il tombe en moyenne 540 mm d'eau par an et par mètre carré. Combien cela fait-il de mètres cubes sur une surface de 1,5 ha ?

(5 POINTS) **6. EN QUÊTE DE TUYAUX**

Combien faut-il de tuyaux de fonte, ayant 18,5 dm de longueur pour conduire à une habitation l'eau d'une source qui est à 259 m ? Quel sera le coût de ce raccordement si un mètre de tuyau vaut 4,80 f ?

(5 POINTS) **7. L'ÉCHANGE EST-IL ÉQUITABLE ?**

Une ménagère a acheté 8 m de drap à 32,50 f le mètre ; elle demande à les échanger contre 36 serviettes et 2 nappes. Le marchand y consent à condition de recevoir encore 110 f. Si la douzaine de serviettes coûte 90 f, que vaut chaque nappe ?

HISTOIRE

(5 POINTS) **1. LES MONUMENTS DU PASSÉ**

Chacun de ces monuments est caractéristique d'une époque. Retrouvez laquelle.

Notre-Dame de Paris •	• l'époque gallo-romaine
château de Versailles •	• la Renaissance
château de Chambord •	• le siècle de Louis XIV
pont du Gard •	• le XIXe siècle
tour Eiffel •	• le Moyen Âge

(10 POINTS) **2. LES GRANDES DATES DE LA RÉVOLUTION FRANÇAISE**

Retrouvez la date de chacun de ces événements.

1) abolition des privilèges : ....

2) fête de la Fédération : ....

3) réunion des états généraux à Versailles : ....

4) prise de la Bastille : ....

5) proclamation de la République : ....

<u>Pour vous aider</u> : 15 mai 1789 — 4 août 1789 — 14 juillet 1789 — 14 juillet 1790 — 22 septembre 1792

(10 POINTS) **3. NAPOLÉON Ier**

1) Où se retira Napoléon Ier après sa première abdication ? ....

2) Que s'est-il passé durant la période nommée « les Cent-Jours » ? ....
....

3) Quand s'est déroulée cette période ? ....

4) Quelle est la date de la bataille de Waterloo ? ....

5) Où et quand mourut Napoléon Ier ? ....
....

(10 POINTS) **4. LES RÉGENTES DU ROYAUME DE FRANCE**

Retrouvez qui parmi ces femmes a assuré la régence lorsque le roi était mineur.

Marie de Médicis

Catherine de Médicis

Anne d'Autriche

Anne de Beaujeu

Blanche de Castille

Charles VIII : ....

Charles IX : ....

Louis IX (Saint Louis) : ....

Louis XIII : ....

Louis XIV : ....

(10 POINTS) **5. HISTOIRE DES INVENTIONS**

Retrouvez l'auteur de ces inventions ou découvertes.

la pile électrique •	• l'Américain Edison
le téléphone •	• le Français Nicéphore Niepce
le télégraphe électrique •	• l'Américain Graham Bell
la photographie •	• l'Américain Samuel Morse
l'ampoule électrique •	• l'Italien Alessandro Volta
le radium •	• le Suédois Alfred Nobel
le premier avion •	• l'Américain Samuel Colt
la dynamite •	• le Français René Laennec
le revolver •	• le Français Clément Ader
le stéthoscope •	• les Français Pierre et Marie Curie

(5 POINTS) **6. LE ROI HENRI IV**

1) En quelle année Henri IV devint-il roi de France ? ....

2) Comment s'appelle le chef des catholiques auquel il était opposé ?

....

3) Comment s'appelle le traité qui mit fin aux guerres de Religion ?

....

4) Comment Henri IV est-il mort ? ....

5) En quelle année ? ....

GÉOGRAPHIE

(10 points) **1. DES ÎLES ET DES OCÉANS**

Retrouvez dans quel océan se situent ces îles.

Ceylan – l'Islande – Java – Madagascar – les Marquises – la Martinique – la Nouvelle-Calédonie – les Philippines – Sainte-Hélène – Tahiti

océan Atlantique	océan Indien	océan Pacifique
1	1	1 ....
2	2	2 ....
3	3	3 ....
		4 ....

(8 points) **2. LES PLANÈTES DU SYSTÈME SOLAIRE**

Classez les planètes du Système solaire, de la plus proche à la plus éloignée du Soleil.

Jupiter – Mars – Mercure – Neptune – la Terre – Uranus – Vénus – Saturne

1	2	3	4 ....
5	6	7	8 ....

(10 points) **3. LES CANAUX DE JONCTION**

Retrouvez le canal qui relie ces cours d'eau.

la Seine à l'Escaut •	• canal de Briare
la Seine à la Meuse •	• canal du Centre
la Seine à la Saône •	• canal des Ardennes
la Loire à la Saône •	• canal de Saint-Quentin
la Loire à la Seine •	• canal de Bourgogne

(5 points) **4. LES GRANDS FLEUVES DU MONDE**

Sur quel continent coulent ces fleuves ?

1) Le Mississippi : ....

2) Le Nil : ....

3) L'Amazone : ....

4) Le Danube : ....

5) Le Mékong : ....

(5 POINTS) **5. LA RÉGION DU CENTRE**

1) Dans quel département se trouve Châteauroux ? ....

2) Quel est le département dont Tours est la préfecture et Chinon, la sous-préfecture ? ....

3) Blois et Chambord sont deux villes où se trouvent de magnifiques châteaux ; dans quel département se trouvent-elles ? ....

4) Quel est le nom de la préfecture de l'Eure-et-Loir, également connue pour sa cathédrale ? ....

5) Quelle est la préfecture du Cher ? ....

(5 POINTS) **6. LE GLOBE TERRESTRE**

Donnez le nom des repères géographiques numérotés sur le dessin de ce globe terrestre.

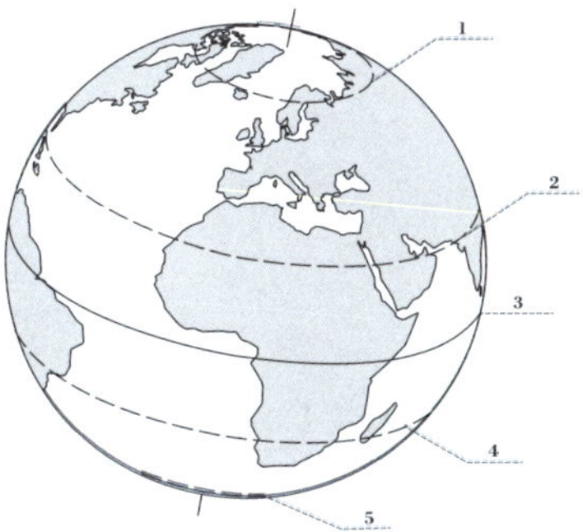

.... équateur

.... cercle polaire arctique

.... cercle polaire antarctique

.... tropique du Cancer

.... tropique du Capricorne

(12 POINTS) **7. CURES THERMALES À LA MONTAGNE**

Retrouvez dans quelle massif montagneux se situent ces stations thermales :

Aix-les-Bains – Ax-les-Thermes – Bagnères-de-Luchon – Contrexéville – Évian – La Bourboule – Luxeuil-les-Bains – le Mont-Dore – Royat – Thonon-les-Bains – Vichy – Vittel

les Alpes (3) : ....

....

....

le Massif Central (4) : ....

....

....

les Vosges (3) : ....

....

les Pyrénées (2) : ....

....

LEÇONS DE CHOSES

(12 POINTS)

1. LES RUMINANTS

1) Qu'est-ce qu'un animal ruminant ? ....

2) Quelles sont les différentes parties de son estomac ? Complétez les légendes du dessin.

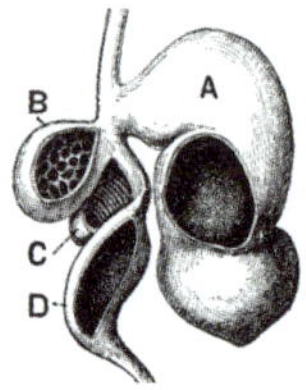

A .... C ....

B .... D ....

3) Citez au moins trois ruminants domestiques et trois ruminants sauvages de nos régions.

ruminants domestiques : ....

ruminants sauvages : ....

(5 POINTS)

2. LE SYSTÈME MUSCULAIRE

La propriété caractéristique des muscles, c'est l'extension et la contraction. Ils sont divisés en cinq groupes. Donnez leur nom.

1) Les .... : ils déterminent la flexion d'un os sur un autre os.

2) Les .... : ils mettent l'os dans l'axe du membre auquel il appartient.

3) Les .... : ils déterminent le mouvement de rotation.

4) Les .... : ils écartent les os de l'axe du corps.

5) Les .... : ils rapprochent les os de l'axe du corps.

(10 POINTS)

3. L'ŒIL

Retrouvez les éléments de l'œil représenté en coupe.

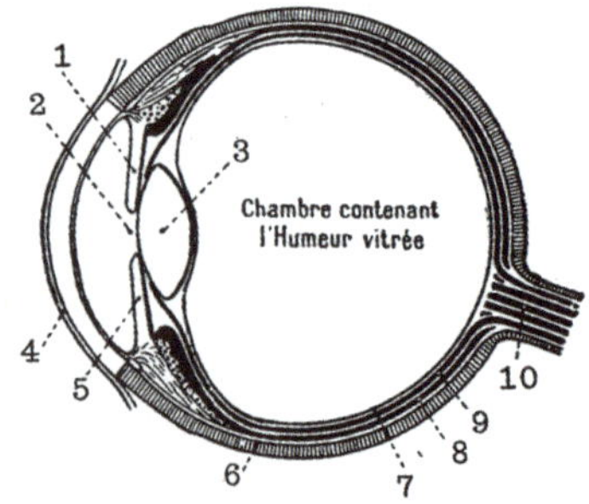

iris ....
pupille ....
cristallin ....
cornée ....
iris ....
sclérotique ....
membrane hyaloïde ....
choroïde ....
rétine ....
nerf optique ....

(5 POINTS) **4. COUP DE FOUDRE**

Pour protéger un bâtiment de la foudre, on installe un paratonnerre. Complétez la description de cet appareil.

Le paratonnerre se compose d'une tige métallique en .... à laquelle est fixée une seconde tige de ...., terminée en pointe. Cette tige est placée au sommet de l'édifice. Une chaîne ou un câble .... part de cette tige et pénètre dans un .... ou dans le sol qu'on prend soin de maintenir humide. L'.......................... est attiré par la pointe en cuivre et conduit dans le sol sans aucun risque.

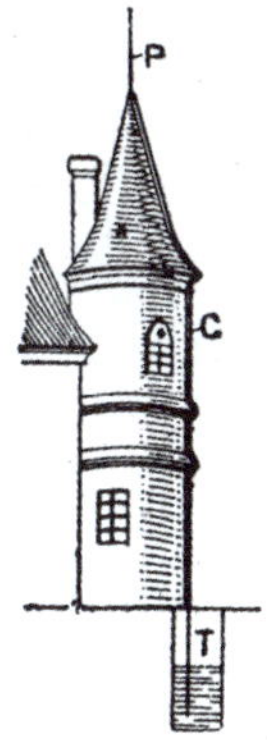

P, paratonnerre
C, chaîne ;
T, puits.

(10 POINTS) **5. POISSONS ENTRE DEUX EAUX**

Classez ces différents poissons.

1. maquereau 2. brochet 3. chevesne 4. morue
5. anchois 6. goujon 7. ablette 8. thon
9. merlan 10. tanche

poissons d'eau douce	poissons de mer
....	....
....	....
....	....
....	....
....	....

(3 POINTS) **6. LES MODES DE REPRODUCTION DES VÉGÉTAUX**

Complétez ces phrases sur la reproduction des plantes.

Les végétaux peuvent se reproduire autrement que par la graine.
Voici trois modes de reproduction :

1) On appelle .... des rameaux coupés que l'on plante en terre, qui y prennent racine, et qui reproduisent des plantes pareilles à la plante mère.

2) On appelle .... des branches tenant à la plante mère, que l'on couche en terre pour qu'elles prennent racine et fournissent un nouveau sujet.

3) On appelle .... la soudure d'un rameau ou d'un bourgeon d'une plante sur une autre plante appartenant à une espèce voisine.

INSTRUCTION CIVIQUE et CULTURE GÉNÉRALE

(10 POINTS)

1. PETITE LEÇON DE MODESTIE

Remplacez les mots en italique par leurs contraires.

La *vanité* .... et la *sottise* .... marchent toujours de compagnie. L'*orgueilleux* .... marche la tête haute. Il est avec ses égaux *maussade*, ... *important*, ... *dédaigneux*............................... Il est *familier* .... avec ses supérieurs, *impertinent* .... avec ses subordonnés. Fait-il une bonne action, il agit *avec ostentation* .... ; s'il fait mal, il *dissimule* .... sa faute. Gardez-vous de la vanité qui attire le mépris.

(3 POINTS)

2. À LA COQUE, MOLLETS OU DURS ?

Complétez le temps de cuisson pour obtenir des œufs cuits à cœur pour les consommer selon ces trois modes :

1) *à la coque* : plonger les œufs dans l'eau bouillante et les y laisser ....
....

2) *mollets* : plonger les œufs dans l'eau bouillante et laisser bouillir ....
....

3) *durs* : plonger les œufs dans l'eau bouillante et laisser bouillir ....
....

(3 POINTS)

3. DESSIN TECHNIQUE

1) En dessin technique, à quoi sert un *pistolet* ?
....
....
....

2) À quoi sert un *té* ? ....
....

3) À quoi sert le dessin aux carreaux ? ....
....

(3 POINTS) **4. SOLFÈGE**

1) Quel est l'accord parfait de la gamme de do majeur ? ....

....

2) Dans la gamme de sol majeur, quel dièse se trouve à la clef ? ....

....

3) Dans la gamme de fa majeur, quel bémol se trouve à la clef ? ....

....

(4 POINTS) **5. CONSEIL À SUIVRE**

Complétez cette sage pensée extraite des *Mémoires* de Madame Campan :

« Ne remettez rien à .... est le destructeur de tous les bons projets. .... fuit toujours devant nous et n'arrive jamais ; car, lorsqu'on l'atteint, il est devenu .... »

(6 POINTS) **6. DÉCISIONS DE JUSTICE**

1) Comment s'appellent les décisions prises par les juges de paix ?

....

2) Comment s'appellent les décisions prises par les tribunaux ?

....

3) Comment s'appellent les décisions prises par les cours de justice ?

....

(3 POINTS) **7. QUI, QUOI, QU'EST-CE ?**

Que vous évoque cette liste de noms ?

le percheron – le boulonnais – l'ardennais – le comtois – le breton

....

....

....

LANGUE FRANÇAISE

(10 POINTS)

1. DICTÉE

Retrouvez les 10 fautes qui se sont glissées dans ce texte.

La misère

Un soir, le petit Gavroche n'avait point manger ; il se souvint qu'il n'avait pas non plus dîner la veille ; cela devenait fatigant. Il prit la résolution d'essayer de souper. Il sans alla roder dans les lieux déserts ; c'est là que sont les bonnes occasions ; ou il n'y a personne, on trouve quelque chose. Il parvint jusqu'à un village. Dans une de ses précédantes flaneries, il avait vu la un vieux jardin hanté d'un vieil homme et d'une vieille femme, et dans ce jardin, un pommier. Une pomme, c'est un souper ; une pomme, c'est la vie. Ce qui a perdu Adam <u>pouvait</u> sauver Gavroche. Il se dirigea vers le jardin, il reconnut le pommier. Il escallada la haie et, accroupit dessous, écouta.

Victor Hugo, *les Misérables.*

(12 POINTS)

2. QUESTIONS

1°) Quelle est la fonction du groupe de mots « *d'un vieil homme et d'une vieille femme* » ? ....

2°) Quel est le sujet du verbe souligné <u>pouvait</u> ? ....

3°) *Fatigant* est l'adjectif verbal dérivé du verbe *fatiguer*.
Donnez les adjectifs verbaux dérivés des verbes suivants :

communiquer : .... adhérer : ....
diverger : .... intoxiquer : ....
somnoler : .... intriguer : ....
suffoquer : .... exceller : ....
affluer : .... déférer : ....

(4 POINTS)

3. FLEURS DES CHAMPS

Un champignon s'est glissé dans cette liste de fleurs ; soulignez-le.

un aster – une renoncule – une euphorbe – un aconit – une russule – un réséda – une immortelle

(8 POINTS) **4. QUESTION D'ORIGINE**

Retrouvez à quelle langue ces noms ont été empruntés.

steppe •	• allemand
épinard •	• anglais
bocal •	• arabe
talc •	• espagnol
rail •	• italien
tabou •	• suédois
chenapan •	• polynésien
rutabaga •	• russe

(20 POINTS) **5. LES PROPOSITIONS COMPLÉTIVES**

Une proposition complétive peut être *déterminative*, *explicative*, *directe*, *indirecte* ou *circonstancielle*. Indiquez la nature des propositions en italique.

1) Les plus grands savants avouent *qu'ils ne savent que fort peu de choses.*

....

2) Tout homme devrait posséder la charité, *qui est une vertu sublime.*

....

3) Les fables *que La Fontaine a composées* sont des chefs-d'œuvre.

....

4) La chose la plus aisée devient difficile *quand on la fait à contrecœur.*

....

5) Il aimait beaucoup son frère et veillait *à ce qu'il ne lui advînt aucun mal.*

....

6) Un proverbe turc dit *que le désœuvrement est le père des soucis.*

....

7) Zadig se consolait, par la philosophie, des maux *que lui avait faits la fortune.*

....

8) L'hypocrite parle toujours autrement *qu'il ne pense.*

....

9) La grenouille s'enfla tant *qu'elle creva.*

....

10) Les médecins se porteraient mal *si tout le monde se portait bien.*

....

(6 POINTS) **6. CONJUGAISON POUR PLAIRE**

Conjuguez le verbe « plaire » au passé simple.

je .... tu .... il/elle ....

nous .... vous .... ils/elles ....

ARITHMÉTIQUE et GÉOMÉTRIE

(5 POINTS) **1. FOURNITURES SCOLAIRES**

Un libraire a acheté 300 cahiers pour 417 f. Il veut gagner en moyenne 0,25 f par cahier. Il vend d'abord 160 cahiers à 1,50 f l'un. Combien doit-il vendre chacun des autres cahiers pour réaliser le bénéfice indiqué ?

(10 POINTS) **2. À TABLE !**

Une table ronde mesure 1,20 m de diamètre. Elle peut s'ouvrir en deux demi-cercles entre lesquels on place des rallonges ayant chacune 0,65 m de large. Pour que les convives soient à l'aise, il faut compter 0,70 m par convive.

1) Avec deux rallonges, combien pourra-t-on placer de convives autour de la table ?

2) Si l'on veut accueillir 12 convives, combien faudra-t-il ajouter de rallonges ?

(5 POINTS) **3. DES TUILES POUR LE TOIT**

Une tour carrée de 2,50 m de côté est surmontée d'un toit fermé de quatre triangles isocèles de 3,60 m de hauteur. Sachant qu'on emploie en moyenne 15 tuiles au m^2, combien faudra-t-il de tuiles pour couvrir le toit ?

(5 POINTS) **4. LES BASES D'UN TRAPÈZE**

La grande base d'un trapèze est égale au triple de la petite base. La hauteur est de 56 m. Si la superficie du trapèze est égale à celle d'un carré construit sur la hauteur, calculez les deux bases du trapèze.

(5 POINTS) **5. QUAND LE BÂTIMENT VA, TOUT VA...**

Un ouvrier du bâtiment travaille tous les jours, sauf le samedi et le dimanche, de 7 h 30 à 12 h et de 13 h 30 à 19 h.

1) Combien d'heures travaille-t-il dans une journée ?

....

....

....

2) Combien de jours travaille-t-il au cours d'un mois de juin qui compte 5 samedis et 4 dimanches, et en plus le lundi de Pentecôte qui est férié ?

....

....

3) Il est payé 10,40 f de l'heure, mais au-delà de 8 heures par jour le prix de chaque heure supplémentaire est majoré de 25 %. Quel sera le salaire de cet ouvrier durant le mois de juin ?

....

....

....

(10 POINTS) **6. DU BOIS POUR LE CHAUFFAGE**

Un forestier fait exploiter un chêne. Il retire de son arbre une grume de 6,40 m de long et 1,57 m de circonférence moyenne, ainsi que 4,5 stères de bois de chauffage. Il vend la grume 825 f le mètre cube et le bois de chauffage 164 f le stère.

1) Quel est le montant total de sa vente ?

....

....

....

....

....

2) Les frais d'abattage se sont élevés à 80 f et l'ouvrier qui a fait le bois de chauffage demande 49 f du stère. Quelle somme nette reste-t-il au forestier ?

....

....

....

....

....

HISTOIRE

(10 POINTS) **1. ILS FONT PARTIE DE L'HISTOIRE**

Que vous évoquent ces personnages ?

Gutenberg : ....

Jacques Cartier : ....

Charles le Téméraire : ....

François Rabelais : ....

Michel de Montaigne : ....

(10 POINTS) **2. FRANÇOIS Ier**

Complétez ces phrases sur l'histoire de François Ier.

François Ier remplaça sur le trône de France son cousin .... Il franchit les Alpes pour faire la guerre en .... et vainquit les Suisses à la sanglante bataille de Marignan, en .... Après le combat, il voulut être armé chevalier par ...., qui avait fait des prodiges pendant la bataille et que l'on surnommait le ....

(10 POINTS) **3. QUI A REMPORTÉ LA BATAILLE ?**

Retrouvez le vainqueur de chacune de ces célèbres batailles.

la bataille de Fontenoy (1745)

Alésia (52 avant J.-C.) •	• le Prince Noir
Bouvines (1214) •	• Jeanne d'Arc
Orléans (1429) •	• Philippe Auguste
Poitiers (732) •	• Jules César
Poitiers (1356) •	• Charles Martel
Austerlitz (1805) •	• le maréchal de Saxe
Fontenoy (1745) •	• le duc d'Enghien
la Marne (1914) •	• Napoléon Ier
Rocroi (1643) •	• l'amiral Nelson
Trafalgar (1805) •	• le général Joffre

(2 POINTS) ## 4. LES LÉGENDES DU CHÂTEAU FORT

Complétez les légendes de ce dessin.

1. ....
2. ....
3. ....

(10 POINTS) ## 5. ROMAN OU GOTHIQUE ?

église romane

Cathédrale gothique

1. Basilique de Vézelay
2. Cathédrale de Bourges
3. Notre-Dame-la-Grande de Poitiers
4. Notre-Dame du Puy-en-Velay
5. Cathédrale de Reims
6. Abbaye de Cîteaux
7. Abbaye du Mont-Saint-Michel
8. Église Saint-Trophime d'Arles
9. Abbaye de Royaumont
10. Notre-Dame de Paris

Classez ces cathédrales selon leur style en indiquant leur numéro.

art roman	art gothique
....	....

(14 POINTS) ## 6. LE CALENDRIER RÉPUBLICAIN

Complétez les informations.

La Convention instaura un nouveau calendrier civil. Les noms des mois étaient tirés de la température ou de la récolte correspondant à la période : .... (périodes des vendanges), ... (temps des brouillards et des brumes), ... (frimas), ... (neiges), ... (pluies), ... (vents et giboulées), ... (germination), ... (fleurs), ... (prairies), ... (moisson), ... (temps de la chaleur et des bains), ... (fruits). Le commencement de la nouvelle ère, l'an Ier de la République, fut fixé au 22 .... Ce calendrier demeura en vigueur jusqu'au 1er janvier ....

GÉOGRAPHIE

(5 POINTS) **1. PASSAGES ET DÉTROITS DE LA MÉDITERRANÉE**

1) Comment se nomme le détroit entre la mer Méditerranée et l'océan Atlantique ? ....

2) Comment se nomment les deux passages entre la mer Méditerranée et la mer Noire ? ....

(20 POINTS) **2. DES VILLES ET DES COURS D'EAU**

Retrouvez sur quel cours d'eau ces villes sont situées.

Agen :
....

Amiens :
....

Bergerac :
....

Besançon :
....

Grenoble :
....

Orléans :
....

Toulouse :
....

Tours :
....

Troyes :
....

Valence :
....

(5 POINTS) **3. HAUTS-FOURNEAUX !**

1) Qu'est-ce qu'un haut-fourneau ? À quoi cela sert-il ?
....
....

2) Dans quelles régions françaises, peut-on en voir ?
....
....

(10 POINTS) **4. LES PORTS DU MONDE**

Retrouvez au bord de quelle mer ou océan se trouvent ces ports.

Bombay •	• mer de Chine
Leningrad •	• mer du Nord
Rotterdam •	• mer Baltique
Shanghai •	• océan Pacifique
Valparaiso •	• océan Indien

Gênes •	• mer Noire
Le Havre •	• océan Pacifique (2)
Odessa •	• Manche
Tokyo •	• mer Méditerranée
Vancouver •	

(10 POINTS) **5. LES VENTS**

Retrouvez dans quelle région de France soufflent ces vents.

le mistral •	• l'Ardèche
la tramontane •	• le Bassin aquitain
la burle •	• la vallée du Rhône
le vent d'autan •	• la Bretagne
le noroît •	• le Roussillon

(5 POINTS) **6. LES ÎLES DE LA CÔTE ATLANTIQUE**

Citez cinq îles françaises situées au large de la côte atlantique.

....

....

....

....

....

LEÇONS DE CHOSES

(5 POINTS) **1. LES QUALITÉS DES MÉTAUX**

1) Quel est le plus mou de tous les métaux ? ....

2) Quel est le plus léger de tous les métaux ? ....

3) Quel est le seul métal qui n'est pas solide à la température ordinaire ?
....

4) Comment appelle-t-on la combinaison de plusieurs métaux ? ....
....

5) Quels sont les deux métaux précieux les plus utilisés ? ....
....

(10 POINTS) **2. LE CRÂNE ET LA COLONNE VERTÉBRALE**

Complétez les phrases.

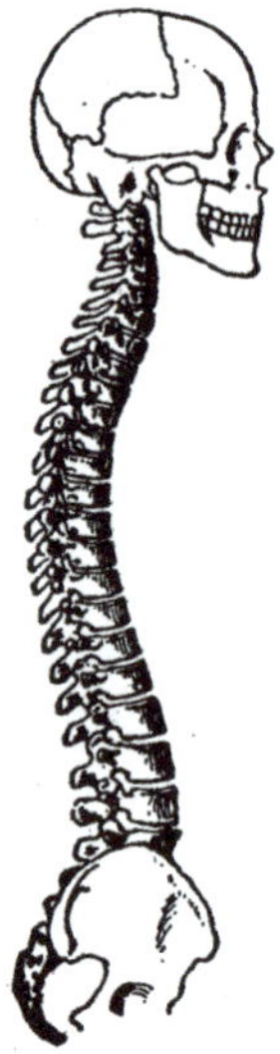

1) Les principaux os du crâne sont : le .... en avant ; l'.......... en arrière ; les deux .... en haut sur les côtés et les deux .... disposés latéralement.

2) La colonne vertébrale est formée de .... vertèbres superposées. Le centre de ces vertèbres forme un canal dans lequel passe la ...., de même substance que le cerveau. Aux vertèbres .... sont fixées les .... Nous avons .... paires de côtes. Les sept premières sont fixées à l'avant de la poitrine sur un os plat, le ....

(5 POINTS) **3. LES ARTICULATIONS**

1) Donnez trois exemples d'articulation mobile du corps humain : ....
....

2) Comment s'appellent les fibres qui réunissent les os des articulations ?
....

3) Comment s'appelle le liquide contenu dans une petite poche qui permet le glissement des os de l'articulation ? ....
....

(5 POINTS) **4. DES PIEDS D'ONGULÉS**

Retrouvez à quel animal appartient chaque pied.

bœuf cheval éléphant hippopotame rhinocéros

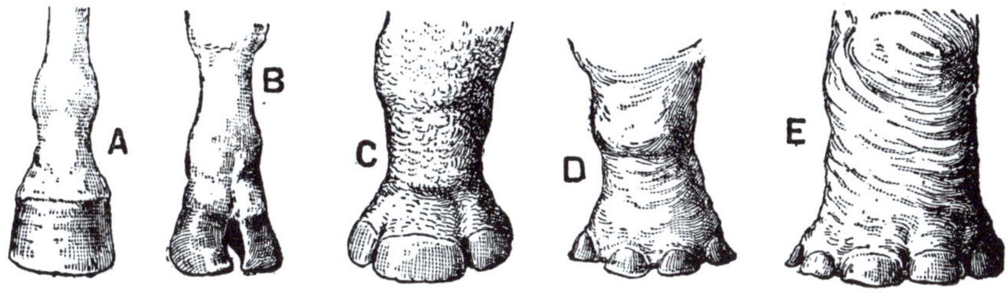

A .... B .... C ....

D .... E ....

(10 POINTS) **5. FEUILLES CADUQUES OU PERSISTANTES ?**

Classez ces arbres dans la catégorie à laquelle ils appartiennent.

1. charme 2. chêne-liège 3. épicéa 4. érable 5. frêne
6. hêtre 7. noyer 8. olivier 9. pin 10. sapin

arbres à feuilles caduques	arbres à feuilles persistantes
....	....
....	....
....	....
....	....
....	....

(10 POINTS) **6. POUR BIEN DIGÉRER**

Ces sucs participent à la digestion des aliments. Par quels organes sont-ils produits ?

1) la salive : ....

2) le suc gastrique : ....

3) le suc pancréatique : ....

4) la bile : ....

5) le suc intestinal : ....

INSTRUCTION CIVIQUE et CULTURE GÉNÉRALE

(10 POINTS) **1. LES BIENFAITS DES ALIMENTS**

1) Quel type d'aliments donne de l'énergie musculaire et favorise le fonctionnement du cerveau ? ....

2) Quel type d'aliments apporte de la chaleur et permet de lutter contre le froid ? ....

3) Quel est le bénéfice principal des aliments azotés ? ....

....

4) Quels éléments essentiels pour la nutrition se trouvent dans les légumes verts et les fruits ? ....

5) Citez deux aliments complets : ....

(5 POINTS) **2. LES AVANTAGES DE L'ORDRE**

Complétez la citation avec les mots en italique.

attention – impatience – mémoire – précipitation – temps

« L'ordre a trois avantages : il soulage la ...., il ménage le ...., il conserve les choses.

Le désordre a trois inconvénients : l'ennui, l'.......... et la perte de temps.

L'ordre a besoin de trois serviteurs : la volonté, l'.......... et l'adresse.

Le désordre a trois maîtres : la ...., la paresse et l'étourderie. »

Clarisse Juranville, *le Savoir-faire et le Savoir-vivre.*

(10 POINTS) **3. UN PEU DE JUSTICE**

1) Comment s'appellent les lois qui règlent les rapports des particuliers entre eux ? ....

2) Comment s'appellent les lois qui punissent les auteurs de délits ou de crimes ? ....

3) Quel est le rôle des conseils de prud'hommes ? ....

....

4) Quel tribunal juge les affaires commerciales ? ....

....

5) Comment s'appellent les tribunaux chargés de juger les délits et les crimes militaires ? ....

(10 POINTS) **4. MORALITÉ : POINT TROP N'EN FAUT**

Chaque ligne des vers suivants, dus au poète Charles François Panard, contient une vérité indiscutable dont nous pouvons tirer profit. Complétez les lignes avec les mots en italique.

Trop de repos nous ....,	*artifice*
Trop de fracas nous .... ;	*avarice*
Trop de froideur est ....,	*dureté*
Trop d'activité, ...	*engourdit*
Trop de finesse est ....,	*esclavage*
Trop de rigueur est ....,	*étourdit*
Trop d'économie, ...,	*fardeau*
Trop d'audace, ... ;	*indolence*
Trop de bien devient un	*témérité*
Trop d'honneur est un	*turbulence*

(5 POINTS) **5. LES VERTUS DES TISANES**

Retrouvez la principale vertu de chacune de ces plantes médicinales.

camomille •	• diurétique
quinquina •	• rafraîchissante
chiendent •	• antispasmodique
réglisse •	• tonique
tilleul •	• digestive et calmante

Réglisse.

(10 POINTS) **6. MORCEAUX DE SOLFÈGE**

1) Comment appelle-t-on les changements de son que l'on fait subir aux notes ? ....

2) Si un dièse est placé devant une note, quelle est la modification subie par cette note ? ....

3) Si un bémol est placé devant une note, quelle est la modification subie par cette note ? ....

4) Sur quoi agit un dièse ou un bémol placé au commencement de la portée, après la clef ? ....

5) Qu'indique le chiffre 3 placé au-dessus de ces groupes de notes ?

....

CORRIGÉS

LANGUE FRANÇAISE P. 4-5

Ma note : /10

1. Dictée *(comptez 1 point par bonne réponse ; et –1 si vous avez désigné une faute qui n'existe pas)*
riflar**ds** ; s'espa**ç**ait ; voyou**s** ; chienli**t** ; accou**r**urent ; t**a**ches ; ble**u** ; écru**e** ; dr**ô**leries ; redingo**t**e.

Ma note : /5

2. De l'adjectif à l'adverbe *(comptez 0,5 point par bonne réponse).*
prudemment ; couramment ; assidûment ; gentiment ; obscurément ; traîtreusement ; impunément ; ardemment ; follement ; sèchement.

Ma note : /3

3. Conjugaison à résoudre *(comptez 0,5 point par bonne réponse)*
Je, tu résous ; il/elle résout ; nous résolvons ; vous résolvez ; ils/elles résolvent.

Ma note : /10

4. Accords de participes passés *(comptez 2 points par bonne réponse)*
(rois) vus ; (personnes) entendues ; vu (jouer) ; mené (tondre) ; su (employer).

Ma note : /7

5. Poésie *(comptez 1 point par bonne réponse)*
(sur un arbre) perché ; (un) fromage ; (par l'odeur) alléché ; (ce) langage ; (vous êtes) joli ! ; (si votre) ramage ; (le) phénix.

Ma note : /5

6. Des vérités proverbiales *(comptez 1 point par bonne réponse)*
cruche ; ordonnée ; affamé ; noyer ; tenu.

TOTAL /40

ARITHMÉTIQUE ET GÉOMÉTRIE P. 6-7

Ma note : /10

1. Le beurre et la crème *(comptez 2 points par question ; 4 points de plus si vous avez réalisé le calcul à la main)*
1°) En 30 jours, il obtient 3 000 litres de lait. 3 000 litres de lait donnent 360 litres de crème (3 000 × 12/100). 360 litres de crème donnent 120 kg de beurre (360 : 3). Il gagne 8 160 f (120 × 68).
2°) Il n'obtenait que 108 kg de beurre (120 × 90/100). Il ne gagnait que 7 344 f (108 × 68). Il réalise donc un bénéfice mensuel de 816 f (8 160 – 7 344).
3°) Pour amortir l'écrémeuse en 6 mois, il devra gagner 1 224 f par mois (7 344 : 6). Il devra traiter 150 litres de lait par jour pour rentrer dans ses frais (règle de trois : (100 × 1 224) /8 160 = 150).

Ma note : /10

2. Quand les Romains comptaient *(comptez 1 point par bonne réponse)*
9 : IX. 25 : XXV. 34 : XXXIV. 67 : LXVII. 96 : XCVI. 108 : CVIII. 250 : CCL. 680 : DCLXXX. 1 110 : MCX. 1814 : MDCCCXIV.

Ma note : /5

3. Sucrer la pâte *(comptez 4 points pour le raisonnement ; 1 point de plus si vous avez réalisé le calcul à la main)*
Nombre de morceaux de sucre dans 1 kg : 180 (15 × 4 × 3). 200 g, c'est 1/5 de kg. Nombre de morceaux utilisés pour la pâte : 36 (180 : 5).

Ma note : /8

4. Nombres décimaux *(comptez 1 point par bonne réponse)*
3,04 < 3,33 < 3,34 < 3,40 < 4,003 < 4,30 < 4,404 < 4,44

Ma note : /5

5. Calcul égyptien *(comptez 3 points pour la formule ; 2 points de plus si vous avez réalisé le calcul à la main)*
Formule du calcul du volume d'une pyramide régulière : V = (côté × côté × hauteur)/ 3. Volume = (230 × 230 × 141) / 3 = 2 486 300 m^3.

Ma note : /8

6. Unités de mesure *(comptez 1 point par bonne réponse)*
dm : décimètre ; q : quintal ; ca : centiare ; dam^2 : décamètre carré ; km/h : kilomètre par heure ; kW : kilowatt ; hl : hectolitre ; st : stère.

Ma note : /4

7. Plan du champ de blé *(comptez 3 points pour le raisonnement ; 1 point de plus si vous avez réalisé le calcul à la main)*
Toutes les mesures doivent être exprimées dans la même unité. Échelle : 1 / 1 500 (12 000 : 8 = 1 500). Largeur sur le plan : 5 cm (7 500 : 1 500).

TOTAL /50

HISTOIRE P. 8-9

Ma note : /5

1. XVIIIe et XIXe siècles : les grandes inventions *(comptez 1 point par bonne réponse)*
Joseph Marie Jacquard : métier à tisser. Louis Pasteur : vaccin contre la rage. Les frères Lumière : cinématographe. Denis Papin : machine à vapeur : Les frères de Montgolfier : ballon à air chaud.

Ma note : /10

2. Les rois de France et leurs ministres *(comptez 2 points par bonne réponse)*
1) Henri IV : Sully. 2) Louis XIII : Richelieu 3) Louis XIV : Colbert. 4) Louis XV : Choiseul. 5) Louis XVI : Turgot.

Ma note : /3

3. Les impôts sous l'Ancien Régime *(comptez 1 point par bonne réponse)*
1) impôt sur le sel. 2) impôt versé au clergé. 3) droit de péage (entrées des villes ; ponts) pour les marchandises.

Ma note : /10

4. La société féodale *(comptez 2 points par bonne réponse)*
1) terre attribuée par un suzerain à un vassal. 2) seigneur qui cède une terre à un vassal. 3) personne liée à un suzerain à qui il doit fidélité et obéissance. 4) c'est le moment où le vassal, à genoux devant le suzerain, s'engage à être fidèle envers son seigneur, à le servir à la guerre et à lui donner de l'argent au besoin ; le vassal devenait l'« homme » du seigneur, d'où le nom d'« hommage ». 5) l'investiture : le suzerain accorde au vassal l'investiture du fief ; il lui remet symboliquement une branche d'arbre.

Ma note : /5

5. L'invasion de la Gaule *(comptez 1 point par bonne réponse)*
Les Wisigoths ; les Ostrogoths ; les Burgondes ; les Alamans ; les Vandales ; les Francs ; les Lombards ; les Huns, etc.

Ma note : /5

6. Histoire littéraire *(comptez 1 point par bonne réponse)*
Lamartine : XIXe siècle. Molière : XVIIe siècle. Ronsard : XVIe siècle. Rousseau : XVIIIe siècle. Villon : XVe siècle.

Ma note : /2

7. La nuit du 4 août 1789
L'Assemblée constituante a aboli les privilèges que possédaient la noblesse (droits seigneuriaux) et le clergé (dîme).

TOTAL /40

GÉOGRAPHIE P. 10-11

Ma note : /3

1. D'un océan à l'autre *(comptez 1 point par bonne réponse)*
1) la mer Méditerranée et la mer Rouge. 2) l'océan Atlantique et la mer Méditerranée. 3) l'océan Pacifique et l'océan Atlantique.

Ma note : /5

2. Assortiment de fromages
Roquefort : Causses ; camembert : Normandie ; reblochon : Haute-Savoie ; saint-marcellin : Dauphiné ; époisses : Bourgogne.

Ma note : /10

3. Les grands lacs américains *(comptez 1 point par bonne réponse à la première question ; 5 points à la seconde)*
1) lac Érié ; lac Michigan ; lac Ontario ; lac Supérieur ; lac Huron. 2) lac Érié ... lac Ontario.

Ma note : /10

4. Comptoirs français *(comptez 2 points par bonne réponse)*
Chandernagor. Pondichéry. Mahé. Yanaon. Karikal.

Ma note : /15

5. Sites remarquables *(1 point par bonne réponse)*
Mont-Saint-Michel : N ; gorges du Tarn : C ; château de Chambord : B ; pointe du Raz : J ; dune du Pilat : H ; Puy de Dôme : E ; tour Eiffel : D ; château d'If : O ; cathédrale de Reims : L ; falaises d'Étretat : K ; cirque de Gavarnie : A ; cité de Carcassonne : G ; pont du Gard : F ; arènes de Nîmes : I ; bouches de Bonifacio : M.

Ma note : /5

6. Les richesses du sous-sol français *(comptez 1 point par bonne réponse à la première question et 1 point pour les suivantes)*
1) le Nord-Pas-de-Calais ; la Lorraine ; la région stéphanoise : le bassin de Montceau-les-Mines ; la région d'Alès. 2) la Lorraine 3) l'Alsace.

TOTAL /48

LEÇONS DE CHOSES P. 12-13

Ma note : /5

1. La mesure de toute chose *(comptez 1 point par bonne réponse)*

Baromètre : pression atmosphérique ; thermomètre : température ; hygromètre : humidité de l'air ; anémomètre : vitesse du vent ; pluviomètre : quantité de pluie.

Ma note : /5

2. Les tubercules de Parmentier *(comptez 3 points pour la première question et 1 point par bonne réponse à la seconde)*

1) Sans le buttage, les tubercules se développent en surface et les pommes de terre verdissent (développement d'un alcaloïde toxique, la solanine) ; elles sont alors immangeables. Le buttage les protège aussi contre le gel. 2) Le doryphore (insecte qui dévore les feuilles) ; le mildiou (il se développe sur les feuilles qui noircissent et la plante se dessèche).

Ma note : /8

3. La circulation du sang *(comptez 1 point par bonne réponse)*

1) veine cave. 2) oreillette droite. 3) ventricule droit. 4) artère pulmonaire. 5) veine pulmonaire. 6) oreillette gauche. 7) ventricule gauche. 8) artère aorte.

Ma note : /6

4. Hygiène et santé *(comptez 2 points par bonne réponse)*

1) Le bacille de Koch. 2) Les sanatoriums. 3) Dans les régions montagneuses ou au bord de mer, là où l'air est plus pur.

Ma note : /3

5. Un peu de géologie *(3 points)*

La bauxite (le premier gisement a été découvert près des Baux-de-Provence).

Ma note : /5

6. Les céréales *(comptez 1 point par bonne réponse)*

1) avoine. 2) blé. 3) maïs. 4) orge. 5) seigle.

Ma note : /8

7. Les os *(comptez 2 points par bonne réponse)*

1) le tibia et le péroné. 2) le fémur. 3) le radius et le cubitus. 4) l'humérus.

TOTAL /40

INSTRUCTION CIVIQUE ET CULTURE GÉNÉRALE P. 14-15

Ma note : /5

1. Instruction civique *(comptez 1 point pour les deux premières questions et 3 points pour la troisième)*

1) la Constitution. 2) le pouvoir législatif fait les lois ; le pouvoir exécutif les met en œuvre ; le pouvoir judiciaire a pour mission de contraindre les citoyens à la juste observation des lois. 3) ils sont élus tous les neuf ans par un collège électoral réuni au chef-lieu et composé des députés, des conseillers généraux, des conseillers d'arrondissement et des délégués des conseils municipaux.

Ma note : /3

2. Couture *(comptez 1 point par bonne réponse)*

1) les fils de chaîne. 2) les fils de trame. 3) le point de surjet.

Ma note : /5

3. Musique *(comptez 3 points pour la première question et 2 points pour la seconde)*

1) a) mesure à 4 temps. b) à 2 temps. c) à 3 temps. 2) a) 8 doubles croches. b) 2 soupirs.

Ma note : /20

4. Hiérarchie militaire *(comptez 1 point par bonne réponse)*

1. caporal = quartier-maître. 2. sergent = second maître. 3. sergent-major = maître. 4. adjudant = premier maître. 5. lieutenant = enseigne de vaisseau de 1re classe. 6. capitaine = lieutenant de vaisseau. 7. lieutenant-colonel = capitaine de frégate. 8. colonel = capitaine de vaisseau. 9. général de brigade = contre-amiral. 10. général de division= vice-amiral.

Ma note : /6

5. Techniques des métiers *(comptez 2 points par bonne réponse)*

1) menuisier ou charpentier. 2) tailleur de pierre. 3) bijoutier.

Ma note : /6

6. Précepte moral *(comptez 2 points par bonne réponse)*

l'ennui, le vice et le besoin.

TOTAL /45

LANGUE FRANÇAISE P. 16-17

Ma note : /10

1. Dictée *(comptez 1 point par bonne réponse ; et – 1 si vous avez désigné une faute qui n'existe pas)*
ferm**ée**, envahi**s**, fin**i**, éteint**e**, avai**ent**, arriv**ée**, vin**gt**aine, ent**ro**uvrir, bivoua**c**, fourr**é**.

Ma note : /10

2. Questions *(comptez 1 point par bonne réponse)*
1) a) quelque (chose), tous (ces petits derrières). b) trouvant (la place bonne). c) (depuis si) longtemps. d) frrt. e) en (ils en avaient fait) ; en (il y en avait bien). 2) a) verbe étonner ; 1er groupe ; voix passive ; 3e personne du pluriel du passé composé de l'indicatif. b) verbe revenir ; 3e groupe ; voix active ; 3e personne du pluriel du futur simple de l'indicatif. 3) **pâtes** (Les Italiens adorent les pâtes, surtout accompagnées de sauce tomate) ; **mûr/ mûre** (Je ne suis pas certain que ce fruit soit mûr./ Cette confiture de mûre est excellente) ; **aire/ erre/ hère** (Comment calculer l'aire d'un rectangle ? L'aigle s'est réfugié dans son aire. / Le vagabond erre dans la campagne déserte. / Ce pauvre hère n'a plus un sou vaillant.

Ma note : /10

3. De toutes les couleurs *(comptez 1 point par bonne réponse)*
auburn ; mastic ; incarnates ; rubicondes ; alezane ; amarante ; jaune clair ; crème ; beiges ; indigo.

Ma note : /2

4. Bien coiffé ? *(2 points pour la bonne réponse)*
un frac.

Ma note : /10

5. Des suffixes démentiels ! *(1 point par bonne réponse)*
matriciel ; résidentiel ; présidentiel ; artificiel ; superficiels ; substantiel ; pestilentiels ; circonstanciel ; sacrificiel ; exponentielles.

Ma note : /3

6. Question de mode *(3 points)*
L'indicatif.

TOTAL /45

ARITHMÉTIQUE ET GÉOMÉTRIE P. 18-19

Ma note : /10

1. Tout corps plongé dans un liquide... *(comptez 5 points pour le raisonnement ; 5 points de plus si vous avez réalisé le calcul à la main)*
Il faut convertir toutes les mesures dans la même unité, soit en kg. 1 kg d'eau représente un volume de 1 dm^3. Poids de l'eau restante : 6,778 kg (7,552 – 0,774). Volume du caillou : 0,172 dm^3 (6,950 – 6,778). Masse volumique du caillou : 4,50 kg/dm^3 (0,774 : 0,172).

Ma note : /3

2. Réduire les fractions *(1 point par bonne réponse)*
48/60 ; 20/60 ; 45/60. Le dénominateur commun est 60 (5 × 3 × 4). Numérateur de la première fraction : 48 (4 × 3 × 4). Numérateur de la deuxième fraction : 20 (1 × 5 × 4). Numérateur de la troisième fraction : 45 (3 × 5 × 3).

Ma note : /8

3. Combien de côtés pour ces polygones ? *(1 point par bonne réponse)*
octogone : 8 ; décagone : 10 ; dodécagone : 12 ; heptagone : 7 ; hexagone : 6 ; pentagone : 5 ; icosagone : 20 ; pentadécagone : 15.

Ma note : /2

4. Calcul mental *(2 points)*
Le côté mesure 9 cm (9 × 9 = 81). Le périmètre est de 36 cm (9 × 4).

Ma note : /5

5. Une maille à l'endroit, une maille à l'envers *(comptez 3 points pour le raisonnement ; 2 points de plus si vous avez réalisé le calcul à la main)*
Prix de la laine : 15 f (5 × 50 = 250 g ; 250 g = 0,250 kg ; 0,250 × 60). Prix des boutons : 4,50 f (0,75 × 6). Prix de revient de la veste : 19, 50 f (15 + 4,50). Bénéfice total : 39 f (58,50 – 19,50). Gain par heure : 2,60 f (39 : 15).

Ma note : /7

6. Un beau verger *(comptez 5 points pour le raisonnement ; 2 points de plus si vous avez réalisé le calcul à la main)*
Volume d'un trou : 0,48 m^3 (0,8 × 0,8 × 0,75). Volume du terrassement : 21,12 m^3 (0,48 × 44). Coût du terrassement : 73,92 f (21,12 × 3,50). Prix d'achat des pommiers : 338,80 f (22 × 15,40). Coût de la plantation des pommiers : 110 f (2,50 × 44). Prix de revient : 522,72 f (73,92 + 338,80 + 110).

Ma note : /5

7. Un savant mélange *(comptez 3 points pour le raisonnement ; 2 points de plus pour le calcul à la main)*
Lorsqu'il met 1 kg de café à 900 f dans le mélange, il perd 300 f. Pour compenser cette perte de 300 f, il lui faut mettre 3 kg de café à 500 f, puisque qu'il ne gagne que 100 f par kg. Donc le mélange est le suivant : 3 kg à 500 f pour 1 kg à 900 f.

TOTAL /40

HISTOIRE P. 20-21

Ma note : /10

1. Le château de Versailles *(comptez 2 points par bonne réponse)*
1) Jules Hardouin-Mansart. 2) Charles Le Brun. 3) André Le Nôtre. 4) André Charles Boulle. 5) L'étiquette.

Ma note : /10

2. Christophe Colomb *(2 points par bonne réponse)*
1) les caravelles. 2) la *Pinta* ; la *Niña* ; la *Santa Maria*. 3) rejoindre les Indes. 4) les Indiens. 5) une île (San Salvador, de l'archipel des Bahamas) appartenant à un continent qui sera plus tard appelé « l'Amérique ».

Ma note : /6

3. Les départements *(2 points par bonne réponse)*
1) En 1790, par l'Assemblée constituante. 2) 83. 3) Il devait être possible de se rendre au chef-lieu du département en moins d'une journée de cheval depuis n'importe quel point de son territoire.

Ma note : /10

4. Le règne de Louis XVIII *(2 points par bonne réponse)*
1) C'était son frère cadet. 2) Napoléon Ier. 3) la Restauration. 4) Charles X. 5) C'était son frère.

Ma note : /10

5. Les provinces françaises *(2 points par bonne réponse)*
1) Louis XI : la Bourgogne. 2) Charles VIII : la Bretagne. 3) Henri IV : le Béarn. 4) Louis XV : la Lorraine. 5) Napoléon III : la Savoie.

Ma note : /4

6. Jules Ferry *(comptez 2 points par question)*
1) Un ministre et un président du Conseil de la IIIe République. 2) Les lois scolaires : il instaure l'école publique gratuite, obligatoire (garçons et filles de 6 à 13 ans) et laïque ; la colonisation : ce fut un partisan actif de l'expansion coloniale française (Tunisie, Congo, Madagascar, Tonkin).

TOTAL /50

GÉOGRAPHIE P. 22-23

Ma note : /10

1. À l'assaut des plus hauts sommets français *(comptez 1 point pour le nom et 1 point pour l'altitude)*
1) mont Blanc : 4 808 m. 2) puy de Sancy : 1886 m. 3) crêt de la Neige : 1 723 m. 4) ballon de Guebwiller ou Grand Ballon : 1 426 m. 5) le pic d'Aneto : 3 404 m (les altitudes sont celles relevées en 1930 ; elles ne correspondent pas forcément à celles d'aujourd'hui).

Ma note : /20

2. Au fil du Rhône *(comptez 2 points par bonne réponse)*
Rive droite : la Valserine ; l'Ain ; la Saône ; l'Ardèche ; le Gard. *Rive gauche* : l'Arve ; le Guiers ; l'Isère ; la Drôme ; la Durance ; le Fier.

Ma note : /5

3. Chez les Ibères *(1 point par bonne réponse)*
1) a) Espagne. b) Portugal. 2) a) Madrid. b) Lisbonne. 3) Portugal.

Ma note : /10

4. Termes géographiques *(1 point par bonne réponse)*
A : estuaire. B : golfe. C : isthme. D : détroit. E : port. F : cap. G : baie. H : presqu'île. I : archipel. J : île.

Ma note : /5

5. La Normandie *(1 point par bonne réponse)*
Seine-Inférieure : Rouen. Eure : Évreux. Orne : Alençon. Calvados : Caen. Manche : Saint-Lô.

Ma note : /10

6. Les ports français *(1 point par bonne réponse)*
1) Dieppe, Boulogne-sur-Mer, Concarneau. 2) Marseille, Le Havre, Bordeaux, La Rochelle. 3) Brest, Toulon, Cherbourg.

TOTAL /60

LEÇONS DE CHOSES P. 24-25

Ma note : /10

1. Les insectes *(comptez 2 points par bonne réponse)*
1) la tête, le thorax, l'abdomen. 2) 3 (paires de pattes) ; 1 ou 2 (paires d'ailes). 3) la chenille, le cocon, la chrysalide. 4) le charançon ; la sauterelle ; le criquet. 5) le puceron ; la chenille ; la mouche ; la guêpe.

Ma note : /5

2. L'alambic *(comptez 1 point par bonne réponse)*
1) (A) cucurbite. (B) chapiteau. (C) serpentin. (D) réfrigérant. 2) On se sert d'un alambic pour obtenir de l'eau distillée utilisée principalement en pharmacie. Elle est privée d'air et de ses principes minéraux. Elle est pure mais non potable.

Ma note : /10

3. La fabrication du verre *(comptez 2 points pour la première et la deuxième phrase ; 1 point pour la dernière)*
sable, chaux (et) soude, (ou) potasse ; 1 000 ou 1 200 °C ; soufflage, moulage.

Ma note : /5

4. Pattes et becs d'oiseaux *(comptez 1 point par bonne réponse)*
A. les passereaux : moineau ; corbeau ; pie ; pinson ; alouette. B. les rapaces : aigle ; faucon ; buse ; hibou. C. les grimpeurs : pic-vert ; coucou. D. les gallinacés : poule ; pintade ; faisan ; perdrix ; caille. E. les palmipèdes : canard ; oie ; mouette ; goéland.

Ma note : /5

5. Les dents *(1 point par bonne réponse)*
artère : H ; veine : I ; nerf : J ; racine : G ; collet : E ; émail : B ; pulpe : F ; ivoire : D ; couronne : C ; surface de la couronne : A.

Ma note : /5

6. Les tiges souterraines des plantes *(comptez 2 points à la question 1 et à la 2 ; 1 point à la 3)*
1) C'est une tige qui se développe dans la terre, mais dont les bourgeons donnent des tiges aériennes. 2) C'est un renflement du rhizome, réservoir de nourriture pour la plante. 3) C'est une tige souterraine dont les feuilles forment des écailles.

TOTAL /50

INSTRUCTION CIVIQUE ET CULTURE GÉNÉRALE P. 26-27

Ma note : /10

1 Organisation administrative *(comptez 2 points par question)*
1) La commune. 2) Le maire, ses adjoints et le conseil municipal. 3) C'est une assemblée chargée de délibérer sur les affaires de la commune ; elle vote notamment le budget communal, c'est-à-dire le tableau annuel des recettes et des dépenses de la commune. 4) Les conseillers municipaux – en nombre variable selon la taille de la commune – sont élus pour 6 ans (depuis 1929) par l'ensemble des citoyens de la commune. Pour être éligible, il faut avoir vingt-cinq ans accomplis. 5) Ils sont élus par l'ensemble des conseillers municipaux lors de la première réunion du conseil ; ils sont pris au sein de ses membres.

Ma note : /10

2. Musique, maestro ! *(comptez 1 point par bonne réponse)*
1) violon, alto, violoncelle, contrebasse. 2) flûte traversière, hautbois, basson, clarinette, cor, trombone, trompette, etc.

Ma note : /5

3. Cent fois sur le métier... *(comptez 1 point par bonne réponse)*
difficultés ; peine ; volonté ; place ; repos.

Ma note : /10

4. Maximes proverbiales *(comptez 2 points par bonne réponse)*
1) renommée. 2) onguents. 3) l'écorce. 4) lièvres. 5) noyau.

Ma note : /10

5. Travaux d'aiguilles *(comptez 3 points pour la question 1 ; 2 points pour la 2)*
1) point de tige ; point de bourdon ; point de feston ; point de croix ; point de chaînette ; point de chausson, etc. 2) boutonnière des lingères : 2 brides / boutonnière des tailleurs : 1 bride (sa tête à droite est une espèce d'œillet).

Ma note : /5

6. Travaux des champs *(1 point par bonne réponse)*
1) le drainage. 2) l'irrigation. 3) l'assolement. 4) la jachère. 5) le fumier.

Ma note : /5

7. Question de symétrie *(3 points pour la bonne réponse)*
Six axes de symétrie.

TOTAL /50

LANGUE FRANÇAISE P. 28-29

Ma note : /10

1. Dictée à conjuguer *(comptez 1 point par bonne réponse)*
vis, luisaient, marchait, s'approchait, voyais, tenais, fut, lâchai, fit, jeta.

Ma note : /8

2. Questions *(comptez 2 points par bonne réponse à la question 1 ; 1 point par bonne réponse à la 2)*
1) Passer une excellente nuit, après avoir bien mangé. – Une bête qui a bien mangé, qui n'a plus faim. 2) Nombre de propositions : 4. *Malgré ma patience, je commençais à désespérer* : prop. principale – *quand, tout à coup, je vis* : prop. subordonnée conjonctive, complément circonstanciel de temps de *commençais à désespérer* – *venir dans le sentier un gros animal* : prop. subordonnée infinitive, complément d'objet direct de *vis* – *dont les yeux luisaient comme des chandelles* : prop. subordonnée relative, complément du nom de l'antécédent *animal*.

Ma note : /12

3. À vos aiguilles ! *(comptez 2 points par bonne réponse)*

que je recousisse ; que tu recousisses ; qu'il recousît ; que nous recousissions ; que vous recousissiez ; qu'elles recousissent.

Ma note : /5

4. Questions de genre *(comptez 1 point par bonne réponse)*

1) un encadrement sculpté en forme de carte. 2) l'ensemble des os du poignet. 3) un officier de marine. 4) un poisson de rivière voisin du saumon (ne pas le confondre avec l'omble chevalier, poisson d'eau douce vivant dans les profondeurs des lacs). 5) lieu où sont conservés les archives des tribunaux, les minutes des jugements, les actes de procédures.

Ma note : /10

5. Accordez-les *(comptez 1 point par bonne réponse)*

occupés ; nommé ; âgé ; louées ; nommée ; nommer ; destinées ; infortunés ; étudier ; envoyer.

Ma note : /5

6. Questions de temps *(comptez 1 point par bonne réponse)*

1) chaque jour. 2) une fois par semaine. 3) tous les mois, tous les trois mois, tous les six mois. 4) tous les ans ; ce sont des plantes annuelles. 5) deux ans.

TOTAL /50

ARITHMÉTIQUE ET GÉOMÉTRIE P. 30-31

Ma note : /10

1. Gelée de groseilles *(comptez 5 points pour le raisonnement ; 5 points de plus si vous avez réalisé le calcul à la main)*

Poids de jus obtenu : 10 kg (15 × 2/3). Prix des groseilles : 180 f (15 × 12). Prix du sucre : 125 f (10 × 12,5). Consommation de gaz : 3,6 m^3 (1 200 l × 3 = 3 600 l ; 3 600 l = 3,6 m^3). Prix de la cuisson : 13,32 f (3,6 × 3,7). Prix de revient total : 318,32 f (180 + 125 + 13,32).

Ma note : /5

2. Questions d'angles *(comptez 2 points à la question 1 et 3 points à la 2)*

a) C'est la demi-droite qui partage un angle en deux angles égaux. b) Les angles adjacents ont un sommet et un côté communs. Les angles supplémentaires sont des angles dont la somme vaut un angle plat (180°). Les angles complémentaires sont des angles dont la somme vaut un angle droit (90°).

Ma note : /10

3. Grains de sable ! *(comptez 2 points par question ; 4 points de plus pour le calcul à la main)*

1) Volume du tas de sable : 6 000 dm^3 (12 000 : 2). 2) Surface de la cour : 150 m^2 ou 15 000 dm^2 (18,75 × 8). Épaisseur de la couche de sable : 0,4 dm ou 4 cm (6 000 : 15 000). 3) Poids total enregistré : 21 t (4,950 + 5,930 + 5,470 + 4,650). Poids du camion vide : 2,250 t [(21 − 12) : 4]

Ma note : /10

4. De l'eau dans le lait ? *(comptez 5 points pour le raisonnement ; 5 points de plus si vous avez réalisé le calcul à la main)*

Poids du récipient plein de lait : 49,15 kg [(1,03 × 45) + 2,8]. Différence de poids après le remplacement : 0,195 kg (49,15 − 48,955). Différence de poids par litre : 0,03 kg (1,03 − 1). Nombre de litres de lait remplacés : 6,5 l (0,195 : 0,03).

Ma note : /5

5. Que d'eau ! Que d'eau ! *(comptez 3 points pour le raisonnement ; 2 points de plus si vous avez réalisé le calcul à la main)*

Conversions : 1,5 ha = 15 000 m^2 ; 540 mm = 0,540 m. Volume d'eau : 8 100m^3 (15 000 × 0,54).

Ma note : /5

6. En quête de tuyaux *(comptez 3 points pour le raisonnement ; 2 points de plus si vous avez réalisé le calcul à la main)*

Nombre de tuyaux : 140 ; 18,5 dm = 1,85 m (259 : 1,85). Prix d'un tuyau : 8,88 f (4,80 × 1,85). Coût du raccordement : 1 243,20 f (8,88 × 140) ou bien (259 × 4,80).

Ma note : /5

7. L'échange est-il équitable ? *(comptez 3 points pour le raisonnement ; 2 points de plus si vous avez réalisé le calcul à la main)*

Prix du drap : 260 f (32,50 × 8). Prix des serviettes : 270 f (90 × 3). Prix des deux nappes : 100 f [(260 + 110) − 270)]. Prix d'une nappe : 50 f (100 : 2)

TOTAL /50

HISTOIRE P. 32-33

Ma note : /5

1. Les monuments du passé *(comptez 1 point par bonne réponse)*
Notre-Dame de Paris : Moyen Âge ; château de Versailles : siècle de Louis XIV ; château de Chambord : Renaissance ; pont du Gard : époque gallo-romaine ; tour Eiffel : XIXe siècle.

Ma note : /10

2. Les grandes dates de la Révolution française *(comptez 2 points par bonne réponse)*
1) 4 août 1789 ; 2) 14 juillet 1790 ; 3) 15 mai 1789 ; 4) 14 juillet 1789 ; 5) 22 septembre 1792.

Ma note : /10

3. Napoléon Ier *(comptez 2 points par bonne réponse)*
1) À l'île d'Elbe. 2) Ce sont les cent jours de règne de Napoléon Ier après sa première abdication. 3) du 20 mars au 22 juin 1815. 4) 18 juin 1815. 5) sur l'île de Sainte-Hélène en 1821.

Ma note : /10

4. Les régentes du royaume de France *(comptez 2 points par bonne réponse)*
Charles VIII : Anne de Beaujeu. Charles IX : Catherine de Médicis. Louis IX (Saint Louis) : Blanche de Castille. Louis XIII : Marie de Médicis. Louis XIV : Anne d'Autriche.

Ma note : /10

5. Histoire des inventions *(comptez 1 point par bonne réponse)*
pile électrique : Alessandro Volta ; le téléphone : Graham Bell ; le télégraphe électrique : Samuel Morse ; la photographie : Nicéphore Niepce ; l'ampoule électrique : Edison ; le radium : Pierre et Marie Curie ; le premier avion : Clément Ader ; la dynamite : Alfred Nobel ; le revolver : Samuel Colt ; le stéthoscope : René Laennec.

Ma note : /5

6. Le roi Henri IV *(comptez 1 point par bonne réponse)*
1) 1589. 2) Le duc de Mayenne. 3) Il se convertit au catholicisme et proclama l'édit de Nantes en 1598 ; les protestants eurent le droit de pratiquer leur religion sans entrave. 4) Il a été assassiné par Ravaillac. 5) En 1610.

TOTAL /50

GÉOGRAPHIE P. 34-35

Ma note : /10

1. Des îles et des océans *(comptez 1 point par bonne réponse)*
Océan Atlantique : Islande ; Martinique ; Sainte-Hélène. Océan Indien : Madagascar ; Ceylan ; Java. Océan Pacifique : Nouvelle-Calédonie ; Philippines ; Tahiti ; Marquises.

Ma note : /8

2. Les planètes du Système solaire *(comptez 1 point par bonne réponse)*
1 Mercure – 2. Vénus – 3. la Terre – 4. Mars – 5. Jupiter – 6. Saturne – 7. Uranus – 8. Neptune.

Ma note : /10

3. Les canaux de jonction *(comptez 2 points par bonne réponse)*
La Seine à l'Escaut : canal de Saint-Quentin ; la Seine à la Meuse : canal des Ardennes ; la Seine à la Saône : canal de Bourgogne ; la Loire à la Saône : canal du Centre ; la Loire à la Seine : canal de Briare.

Ma note : /5

4. Les grands fleuves du monde *(comptez 1 point par bonne réponse)*
1) Amérique du Nord. 2) Afrique. 3) Amérique du Sud. 4) Europe. 5) Asie.

Ma note : /5

5. La région du Centre *(comptez 1 point par bonne réponse)*
1) Indre. 2) Indre-et-Loire. 3) Loir-et-Cher. 4) Chartres. 5) Bourges.

Ma note : /5

6. Le globe terrestre *(comptez 1 point par bonne réponse)*
1. cercle polaire arctique ; 2. tropique du Cancer ; 3. équateur ; 4. tropique du Capricorne ; 5. cercle polaire antarctique.

Ma note : /12

7. Cures thermales à la montagne *(comptez 1 point par bonne réponse)*
Alpes : Aix-les-Bains ; Évian ; Thonon-les-Bains. *Vosges* : Contrexéville ; Luxeuil-les-Bains ; Vittel. *Pyrénées* : Ax-les-Thermes ; Bagnères-de-Luchon. *Massif Central* : La Bourboule ; le Mont-Dore ; Royat ; Vichy.

TOTAL /55

LEÇONS DE CHOSES P. 36-37

Ma note : /12

1. Les ruminants *(comptez 2 points pour la question 1 ; 1 point par bonne réponse à la 2 ; 1 point par bonne réponse à la 3)*
1) C'est un animal qui avale rapidement les aliments, puis qui les fait remonter pour les mâcher une seconde fois quand il est au repos. 2) A : panse – B : bonnet – C : feuillet – D : caillette. 3) *ruminants domestiques* : vache, mouton, chèvre, etc. – *ruminants sauvages* : cerf, chevreuil, chamois, bouquetin, etc.

Ma note : /5

2. Le système musculaire *(comptez 1 point par bonne réponse)*
1) Les fléchisseurs. 2) Les extenseurs. 3) Les rotateurs. 4) Les abducteurs. 5) Les adducteurs.

Ma note : /10

3. L'œil *(comptez 1 point par bonne réponse)*
1 : iris. 2 : pupille. 3 : cristallin. 4 : cornée. 5 : iris. 6 : sclérotique. 7 : membrane hyaloïde. 8 : choroïde. 9 : rétine. 10 : nerf optique.

Ma note : /5

4. Coup de foudre *(comptez 1 point par bonne réponse)*
fer ; cuivre ; conducteur ; puits ; éclair électrique.

Ma note : /10

5. Poissons entre deux eaux *(comptez 1 point par bonne réponse)*
Eau douce : 2. 3. 6. 7. 10. *Eau de mer* : 1. 4. 5. 8. 9.

Ma note : /3

6. Les modes de reproduction des végétaux *(comptez 1 point par bonne réponse)*
1) boutures. 2) marcottes. 3) greffe.

TOTAL /45

INSTRUCTION CIVIQUE ET CULTURE GÉNÉRALE P. 38-39

Ma note : /10

1. Petite leçon de modestie *(comptez 1 point par bonne réponse)*
Humilité (ou modestie) – intelligence (ou finesse) – modeste – gai (ou affable) – humble (ou modeste) – respectueux (ou courtois) – réservé (ou respectueux) – courtois (ou poli) – discrétion – reconnaître (ou avouer).

Ma note : /3

2. À la coque, mollets ou durs ? *(comptez 1 point par bonne réponse)*
1) trois minutes ; 2) cinq minutes ; 3) dix minutes.

Ma note : /3

3. Dessin technique *(comptez 1 point par bonne réponse)*
1) À tracer des courbes qu'on ne peut décrire ni à la règle ni au compas. 2) Il sert à la fois de règle et d'équerre ; il permet de tracer des parallèles aux bords de la planche et des perpendiculaires à ces lignes. 3) À copier un dessin à sa dimension, à le réduire ou à l'agrandir à volonté.

Ma note : /3

4. Solfège *(comptez 1 point par bonne réponse)*
1) do, mi, sol (on peut joindre la réplique du do à l'octave). 2) un fa dièse. 3) un si bémol.

Ma note : /4

5. Conseil à suivre *(comptez 4 points)*
demain ; Demain. Demain ; aujourd'hui.

Ma note : /6

6. Décisions de justice *(comptez 2 points par bonne réponse)*
1) les sentences. 2) les jugements. 3) les arrêts.

Ma note : /3

7. Qui, quoi, qu'est-ce ? *(comptez 3 points)*
Ce sont des races de chevaux utilisés pour les travaux agricoles.

TOTAL /32

LANGUE FRANÇAISE P. 40-41

Ma note : /10

1. Dictée *(comptez 1 point par bonne réponse ; et – 1 si vous avez désigné une faute qui n'existe pas)*
mangé ; dîné ; s'en ; rôder ; où ; précédentes ; flâneries ; là ; escalada ; accroupi.

Ma note : /12

2. Questions *(comptez 1 point à la question 1 et à la 2 ; 1 point par bonne réponse à la question 3)*
1°) complément de l'adjectif « hanté ». 2°) « Ce qui a perdu Adam ». 3°) communicant ; adhérent ; divergent ; intoxicant ; somnolent ; intrigant ; suffocant ; excellent ; affluent ; déférent.

Ma note : /4

3. Fleurs des champs *(4 points)*
une russule.

Ma note : /8

4. Questions d'origine *(comptez 1 point par bonne réponse)*
steppe : russe ; épinard : espagnol ; bocal : italien ; talc : arabe ; rail : anglais ; tabou : polynésien ; chenapan : allemand ; rutabaga : suédois.

Ma note : /20

5. Les propositions complétives *(comptez 2 points par bonne réponse)*
1). prop. compl. directe. 2) prop. compl. explicative. 3) prop. compl. déterminative. 4) prop. compl. circonstancielle. 5) prop. compl. indirecte. 6) prop. compl. directe. 7) prop. compl. déterminative. 8) prop. compl. circonstancielle. 9) prop. compl. circonstancielle. 10). prop. compl. circonstancielle.

Ma note : /6

6. Conjugaison pour plaire *(comptez 1 point par bonne réponse)*
je plus ; tu plus ; il/elle plut ; nous plûmes ; vous plûtes ; ils/elles plurent.

TOTAL /60

ARITHMÉTIQUE ET GÉOMÉTRIE P. 42-43

Ma note : /5

1. Fournitures scolaires *(comptez 3 points pour le raisonnement ; 2 points de plus si vous avez réalisé le calcul à la main)*
Prix d'achat d'un cahier : 1,39 f (417 : 300). Prix de vente des 160 premiers cahiers : 240 f (1,50 × 160). Bénéfice réalisé sur les 160 premiers cahiers : 17,60 f [(1,50 – 1,39) × 160]. Bénéfice escompté : 75 f (0,25 × 300). Bénéfice à réaliser sur les 140 cahiers restants : 57,40 f (75 – 17,60). Bénéfice à réaliser sur un cahier : 0,41 f (57,40 : 140). Prix de vente à l'unité des cahiers restants : 1,80 f (1,39 + 0,41).

Ma note : /10

2. À table ! *(comptez 5 points pour chaque question)*
1) Périmètre de la table ronde : 3,768 m (1,20 × 3,14). Périmètre de la table avec deux rallonges : 6,368 m [3,768 + (0,65 × 4)]. Nombre de convives possible : 9 convives (6,368 : 0,70 = 9,09).
2) Longueur nécessaire pour 12 convives : 8,40 m (0,70 × 12). On dispose déjà de 6,368 m ; il manque donc 2,032 m (8,40 – 6,368). Comme chaque rallonge offre 1,30 m de plus, il faut donc ajouter deux rallonges.

Ma note : /5

3. Des tuiles pour le toit *(comptez 3 points pour le raisonnement ; 2 points de plus si vous avez réalisé le calcul à la main)*
Chaque triangle isocèle a pour base le côté du carré. Surface d'un triangle isocèle : 4,5 m^2 [(2,50 × 3,60) : 2]. Surface des 4 triangles : 18 m^2 (4,5 × 4). Nombre de tuiles : 270 tuiles (18 × 15).

Ma note : /5

4. Les bases d'un trapèze *(comptez 3 points pour le raisonnement ; 2 points de plus pour le calcul à la main)*
Superficie du carré et donc du trapèze : 3136 m^2 (56 × 56). Formule du calcul de la superficie d'un trapèze : Superficie = [(Grande Base + petite base) : 2] × hauteur. Petite base (b) : 28 m [(3 136 = [(3b + b) : 2] × 56) => (3 136 : 56 = 4b : 2) => (56 = 2b) => (b = 28)]. Grande Base : 84 m (28 × 3).

Ma note : /10

5. Quand le bâtiment va, tout va... *(comptez 3 points pour le raisonnement ; 2 points de plus si vous avez réalisé le calcul à la main)*
1) Nombre d'heures de travail par jour : 10 h (4 h 30 + 5 h 30). 2) Nombre de jours travaillés en juin : 20 jours [30 – (5 + 4 + 1)]. 3) Nombre d'heures de travail normal : 160 h (8 × 20). Nombre d'heures de travail supplémentaires : 40 h (2 × 20). Coût d'une heure supplémentaire : 13 f [10,40 + (10,40 × 25/100)]. Salaire total : 2 184 f (10,40 × 160) + (13 × 40).

Ma note : /10

6. Du bois de chauffage *(comptez 5 points par question)*
1) Diamètre de la grume : 0,50 m (1,57 : 3,14). Rayon de la grume : 0,25 m (0,50 : 2). Volume de la grume : 1,256 m^3 (0,25 × 0,25 × 3,14 × 6,40). Prix de vente de la grume : 1 036,20 f (1,256 × 825). Prix de vente du bois de chauffage : 738 f (4,5 × 164). Prix total de la vente : 1 774,20 f (1 036,20 + 738). 2) Salaire de l'ouvrier : 220,50 f (4,5 × 49). Total des frais : 300,50 f (80 + 220,50). Somme restante : 1 473,70 f (1 774,20 – 300,50).

TOTAL /65

HISTOIRE P. 44-45

Ma note : /10

1. Ils font partie de l'histoire *(comptez 2 points par bonne réponse)*
Gutenberg : inventeur de l'imprimerie. Jacques Cartier : découvreur du Canada. Charles le Téméraire : duc de Bourgogne, adversaire du roi Louis XI. François Rabelais : écrivain, auteur de *Gargantua* et de *Pantagruel*. Michel de Montaigne : philosophe et moraliste, auteur des *Essais*.

Ma note : /10

2. François Ier *(comptez 2 points par bonne réponse)*
Louis XII ; Italie ; en 1515 ; Bayard ; le Chevalier sans peur et sans reproche.

Ma note : /10

3. Qui a remporté la bataille ? *(comptez 1 point par bonne réponse)*
Alésia : Jules César. Bouvines : Philippe Auguste. Orléans : Jeanne d'Arc. Poitiers (732) : Charles Martel. Poitiers (1356) : Prince Noir. Austerlitz : Napoléon Ier. Fontenoy : maréchal de Saxe. La Marne : général Joffre. Rocroi : duc d'Enghien (futur prince de Condé). Trafalgar : amiral Nelson.

Ma note : /2

4. Les légendes du château fort *(2 points)*
1 : créneaux ; 2 : mâchicoulis ; 3 : échauguette.

Ma note : /10

5. Roman ou gothique ? *(comptez 1 point par bonne réponse)*
Art roman : 1, 3, 4, 6, 8 ; *art gothique :* 2, 5, 7, 9, 10.

Ma note : /14

6. Le calendrier républicain *(comptez 1 point par bonne réponse)*
vendémiaire, brumaire, frimaire, nivôse, pluviôse, ventôse, germinal, floréal, prairial, messidor, thermidor, fructidor ; 22 septembre 1792 ; 1er janvier 1806.

TOTAL /56

GÉOGRAPHIE P. 46-47

Ma note : /5

1. Passages et détroits de la Méditerranée *(comptez 1 point pour la question 1 ; 2 points par bonne réponse pour la 2)*
1) le détroit de Gibraltar. 2) le Bosphore et le détroit des Dardanelles.

Ma note : /20

2. Des villes et des cours d'eau *(comptez 2 points par bonne réponse)*
A : Amiens. B : Troyes. C : Besançon. D : Orléans. E : Tours. F : Bergerac. G : Agen. H : Grenoble. I : Valence. J : Toulouse.

Ma note : /5

3. Hauts-fourneaux ! *(comptez 3 points pour la question 1 ; 2 points pour la 2)*
1) C'est un appareil d'une dizaine de mètres de hauteur, construit en briques réfractaires pour supporter les hautes températures, dans lequel on verse de la houille et du minerai de fer pour obtenir de la fonte. 2) On les voit dans les régions où l'on extrait le minerai de fer, principalement en Lorraine.

Ma note : /10

4. Les ports du monde *(comptez 1 point par bonne réponse)*
Bombay : océan Indien. Leningrad : mer Baltique. Rotterdam : mer du Nord. Shanghai : océan Pacifique. Valparaiso : océan Pacifique. Gênes : mer Méditerranée. Le Havre : Manche. Odessa : mer Noire. Tokyo : océan Pacifique. Vancouver : océan Pacifique.

Ma note : /10

5. Les vents *(comptez 2 points par bonne réponse)*
le mistral : la vallée du Rhône ; la tramontane : le Roussillon ; la burle : l'Ardèche ; le vent d'autan : le Bassin aquitain ; le noroît : la Bretagne.

Ma note : /5

6. Les îles de la côte atlantique *(comptez 1 point par bonne réponse)*
île de Groix ; Belle-Île ; île de Noirmoutier ; île d'Yeu ; île d'Oléron ; île de Ré ; île de Sein ; île d'Ouessant ; île d'Aix...

TOTAL /55

LEÇONS DE CHOSES P. 48-49

Ma note : /5

1. Les qualités des métaux *(comptez 1 point par bonne réponse)*
1) le plomb. 2) l'aluminium. 3) le mercure. 4) un alliage. 5) l'or et l'argent.

Ma note : /10

2. Le crâne et la colonne vertébrale *(comptez 4 points pour la question 1 ; 6 points pour la 2)*
1) os du crâne : le frontal ; l'occipital ; les pariétaux et les deux temporaux.
2) colonne vertébrale :33 vertèbres ; la moelle épinière ; aux vertèbres dorsales sont fixées les côtes ; 12 paires ; le sternum.

Ma note : /5

3. Les articulations *(comptez 1 point par bonne réponse pour la question 1 ; 1 point pour la 2 et la 3)*
1) le coude, le genou, la cheville, le poignet, l'épaule, la hanche... 2) les ligaments. 3) la synovie ou liquide synovial.

Ma note : /5

4. Des pieds d'ongulés *(comptez 1 point par bonne réponse)*
A : cheval. B : bœuf. C : rhinocéros. D : hippopotame. E : éléphant.

Ma note : /10

5. Feuilles caduques ou persistantes ? *(comptez 1 point par bonne réponse)*
Arbres à feuilles caduques : 1, 4, 5, 6, 7 ; *arbres à feuilles persistantes* : 2, 3, 8, 9, 10.

Ma note : /10

6. Pour bien digérer *(comptez 1 point par bonne réponse)*
1) les glandes salivaires. 2) l'estomac. 3) le pancréas. 4) le foie. 5) l'intestin grêle.

TOTAL /45

INSTRUCTION CIVIQUE ET CULTURE GÉNÉRALE P. 50-51

Ma note : /10

1. Les bienfaits des aliments *(comptez 2 points par bonne réponse)*
1) les aliments sucrés. 2) les aliments gras. 3) Ils favorisent la croissance et luttent contre l'usure des organes. 4) les vitamines. 5) le lait, les œufs.

Ma note : /5

2. Les avantages de l'ordre *(comptez 1 point par bonne réponse)*
la mémoire, le temps ; l'impatience ; l'attention ; la précipitation.

Ma note : /10

3. Un peu de justice *(comptez 2 points par bonne réponse)*
1) Lois civiles. 2) Lois pénales. 3) Ils jugent les contestations entre les patrons et les ouvriers. 4) Tribunal de commerce. 5) Conseils de guerre.

Ma note : /10

4. Moralité : point trop n'en faut *(comptez 1 point par bonne réponse)*
engourdit ; étourdit ; indolence ; turbulence ; artifice ; dureté ; avarice ; témérité ; fardeau ; esclavage.

Ma note : /5

5. Les vertus des tisanes *(comptez 1 point par bonne réponse)*
Camomille : digestive et calmante ; quinquina : tonique ; chiendent : diurétique ; réglisse : rafraîchissante ; tilleul : antispasmodique.

Ma note : /10

6. Morceaux de solfège *(comptez 2 points par bonne réponse)*
1) Des altérations. 2) Elle est élevée d'un demi-ton. 3) Elle est abaissée d'un demi-ton. 4) Il change d'un demi-ton (au-dessus ou au-dessous) toutes les notes semblables pendant toute la durée du morceau. 5) Ce sont des triolets.

TOTAL /50

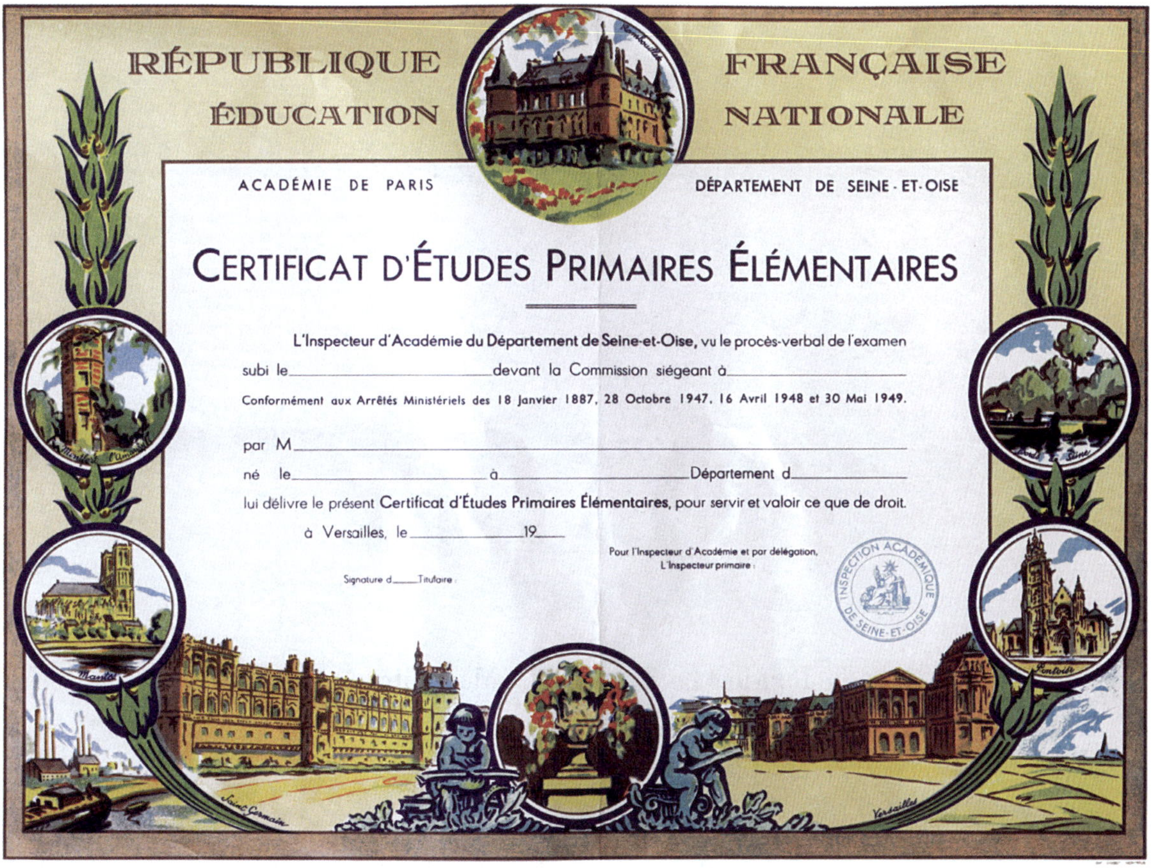
RÉPUBLIQUE FRANÇAISE
ÉDUCATION NATIONALE

ACADÉMIE DE PARIS — DÉPARTEMENT DE SEINE-ET-OISE

CERTIFICAT D'ÉTUDES PRIMAIRES ÉLÉMENTAIRES

L'Inspecteur d'Académie du Département de Seine-et-Oise, vu le procès-verbal de l'examen subi le ______ devant la Commission siégeant à ______

Conformément aux Arrêtés Ministériels des 18 Janvier 1887, 28 Octobre 1947, 16 Avril 1948 et 30 Mai 1949.

par M ______

né le ______ à ______ Département d ______

lui délivre le présent Certificat d'Études Primaires Élémentaires, pour servir et valoir ce que de droit.

à Versailles, le ______ 19___

Pour l'Inspecteur d'Académie et par délégation,
L'Inspecteur primaire :

Signature d___ Titulaire :

INSPECTION ACADÉMIQUE DE SEINE-ET-OISE

Imprimé en Espagne par Macrolibros
Dépôt légal : septembre 2013– 312120/01
N° de projet : 11024049 – août 2013